위험한 미국사

트럼프를 탄생시킨 미국 역사 이야기

위험한

미국사

김봉중 지음

알에이치코리아

★★★★★
프롤로그

트럼프 현상은 250년 전
미국 건국 시기부터 싹터왔다

도널드 트럼프가 미국 대통령이라는 사실,
도무지 말이 되지 않는다.
우리가 알던 미국, 진짜 그 미국이 맞나.
미국은 대체 어디로 굴러가고 세계는 또 어떻게 뒤집힐 건가.

트럼프의 등장은 세상을 뒤흔드는 폭풍이었다. 미국 최고의 대통령 선거 역사학자조차 2024년에 벌어진 선거 결과를 정확히 예측하지 못했다. 모두가 혼란에 빠졌다. 앞으로 트럼프가 미국과 세계를 회복 불가능한 혼돈으로 몰아넣을지, 아니면 뜻밖의 변화를 이끌어낼지는 누구도 예측할 수 없다. 지금 우리는 전례 없는 혼돈과 불확실성의 한가운데에 서 있다.

2024년 대선에서 트럼프가 다시 당선되자 한 방송 토크 쇼에 초대를 받았다. 사회자가 물었다. "100년 뒤 미국 역사에서 트럼프 시대를 어떻게 기억할까요?" 나는 짧게 답했다. "그냥 하나의 해프닝으로 기억될 확률이 크죠." 미국 민주주의의 전통을 믿는 시각으로 봤을 때 트럼프의 등장은 역사에서 큰 주목을 받지 못할 것이라는 뜻이다. 솔직히 그 믿음이 틀리지 않길 바란다. 그렇지 않으면 내가 알던 미국 역사 전체를 다시 봐야 할지도 모른다.

트럼프 시대를 미국 역사라는 큰 흐름 속에서 어떻게 해석해야 할까. 평생 미국사를 연구해온 내게 피할 수 없는 질문이다. 그래서 이 책《위험한 미국사》를 쓰게 되었다. 만약 트럼프 시대가 단순한 해프닝에 불과하다면 그 이유를 역사가 답해야 한다. 반대로 미국 역사의 전환점이라면 미국 문명의 흐름을 처음부터 다시 살펴볼 필요가 있다. 이 책《위험한 미국사》는 트럼프라는 인물을 통해 미국의 역사와 문명을 냉철하게 바라본다.

책은 다섯 장으로 나뉜다. 첫 장은 트럼프 2기의 탄생 스토리에 대해 말한다. 어떻게 그가 또다시 대통령이 되었는지, 그리고 1기에 대한 평가도 함께 내렸다. 두 번째 장은 미국 민주주의 역사 속에서 트럼프 출현의 미스터리를 해부한다. '트럼프, 그는 미국 민주주의의 이단아인가'에 답하려 한다. 세 번째 장은 미국 외교의 전통에 트럼프가 던진 돌멩이를 분석한다. 네 번째 장은 미국 사회·문화라는 급류 속에서 트럼프라는 기형이 왜 튀어나왔는지 탐색한다. 마지막 장은 트럼프 시대의 미래, 그 후폭풍을 조심스레 점친다. 역사학자로서 미래를 말하는 건 늘 무겁고 조심스럽지만 앞선 장들의 역사적 서술을 바탕으로 신중히 살펴보려고 한다.

이 책《위험한 미국사》의 핵심은 트럼프 현상을 이해하기 위해 미국 역사의 거대한 흐름을 추적하는 데 있다. 그래서 뜨거운 감자인 관세와 같은 시사성이 큰 주제를 역사적 맥락에서 다루긴 했으나 깊게 풀어내지는 않았다. 그 분야는 전문가들도 손사래 치는 영역이라, 변덕스러운 현실에서 독자들에게 정확한 답을 줄 수 없기 때문이다.

미국은 우리의 거울이다. 미국을 본다는 건 우리 과거와 현재, 미래를 들여다보는 일이다. 민주주의, 경제, 외교, 사회, 문화까지 미국의 일은 곧 우리의 일이다. 미국의 성공은 우리 성공의 거울이고, 미국의 실패는 우리 실패의 교훈이다.

이 책은 미국사를 다루지만 궁극적으로는 우리의 현재를 진단하고 미래를 준비하는 데 도움이 될 것이다. 독자들이 미국사라는 오랜 전통을 바탕으로, 변화무쌍하고 불확실성이 가득한 '트럼프 시대'를 견뎌낼 수 있도록 이끄는 길잡이가 될 것이다.

이 책을 세상에 내놓으며 마음 깊이 감사의 인사를 전한다. 무엇보다도 알에이치코리아 출판사에 특별한 고마움을 표한다. 작년 트럼프 대통령 당선으로 우리나라에 '트럼프 알기' 열풍이 불었을 때 나는 미국의 역사와 문명이라는 거대한 흐름 속에서 트럼프 시대를 조명할 필요를 절감했다. 그 순간 알에이치코리아 출판사가 내게 다가왔고, 그 생각을 실현할 수 있게 든든한 버팀목이 되어주었다. 책의 기획부터 구성, 최종 매무새까지 세심하게 다듬어준 김희현 편집자에게 깊은 감사를 드린다. 늘 그렇듯, 글을 쓰는 내내 한결같이 곁에서 힘과 용기를 북돋아준 아내에게도 진심 어린 고마움을 전한다. 이 책의 저자는 나 한 사람이지만 이분들이야말로 진정한 공저자다.

2025년 9월
삼인산 아래에서
김봉중

★★★★
차 례

프롤로그 트럼프 현상은 250년 전 미국 건국 시기부터 싹터왔다   4

1장 트럼프 2기의 탄생 배경과 역사

1 **미국 정치계의 이단아가 일으킨 기적**   15
   트럼프는 어떻게 다시 승리했는가   17
   승리 배경에 깊게 새겨진 양극화   19

2 **누가, 왜 트럼프를 지지했을까?**   22
   단단히 결집한 백인 보수주의자들의 역사   24
   대통령 당선을 좌우하는 스윙 스테이트   26
   새로운 소셜 미디어와 정보 생태계의 변화   28

3 **미국의 현재를 들여다보다: 경제와 사회**   32
   인플레이션과 경기 둔화라는 공포   34
   고관세로 치솟는 인플레이션을 잡는다?   35
   부정적 결과를 초래했던 미국 역사 속 고관세 정책   37
   불법 이민을 막으면 거의 모든 문제가 해결된다?   39

4 **미국의 현재를 들여다보다: 민주주의**   42
   때아닌 좌파 마르크스 이념 논쟁   43
   건국 때부터 시작된 풀리지 않는 갈등, 지역주의   46

5 **트럼프 1기를 어떻게 바라볼 것인가?**   49
   부익부 빈익빈의 가속화, 무역 적자를 부른 경제 정책   50
   분열과 갈등을 심화시킨 국내 정책   53
   미국의 리더십에 의문을 품게 만든 외교 정책   56

2장   민주주의의 위기인가, 새로운 전환점인가

1 **건국 이래 엄격히 작동해온 '견제와 균형' 원칙**   63
    권력 남용을 막고 시민의 자유를 보장하는 헌법   65
    피할 수 없는 싸움, 연방 정부 v. 주 정부   67
    미국 정치계의 견고한 두 첨탑, 양당 제도   70

2 **'트럼프의 공화당'으로 추락한 링컨의 공화당**   73
    공화당 창당의 역사와 링컨의 당선   74
    변화의 갈림길에 놓인 공화당   78
    경제 대공황을 맞이한 공화당의 변화   80

3 **뉴딜 정책과 새로운 민주주의**   84
    건국과 함께 시작된 자유방임주의 전통   85
    진보-민주주의의 대들보, 뉴딜 정책   87
    보수의 역공과 트럼프의 대반격   90

4 **민주당의 진화와 오바마의 미국**   95
    프랭클린 루스벨트부터 빌 클린턴까지의 민주당   96
    차이의 수용, 다름의 포용을 추구한 오바마   101
    오바마 행정부가 남긴 유산   104

5 **트럼프, 미국 민주주의의 이단아인가?**   109
    정치계에 돌풍처럼 등장한 도널드 트럼프   110
    자본주의와 소셜 미디어가 낳은 이단아   113

3장   미국 외교 전통을 파괴한 트럼프

1 **미국의 전통 외교 방침, 고립주의**   119
    최초의 외교 정책이자 본보기가 된 모델 조약   120
    먼로 독트린, 구세계로부터의 독립을 천명하다   123
    서쪽으로 가라, 젊은 그대여!   126

2 세계 전쟁, '미국의 세기'를 열다 129
저무는 고립주의, 드리우는 제국주의 130
세계 무대에 미국을 드러낸 계기, 1차 세계 대전 133
미국의 세기를 연 신호탄, 2차 세계 대전 135

3 냉전과 탈냉전, 이념 대립으로 세계 질서를 이끌다 139
냉전, 미국의 새로운 외교 원칙을 탄생시키다 140
베트남 전쟁에서 레이건 시대까지 142
탈냉전이 뒤바꾼 미국의 역할 145

4 9·11 테러가 촉발한 새로운 질서 149
명분만 내세운 전쟁, 실패로 기록된 전쟁 150
오바마, 미국이 맡은 역할을 재정의하다 152
트럼프 1기와 바이든의 외교 155

5 냉전으로의 회귀: 미-중 '신냉전'의 태동 159
탈냉전 이후 급부상한 신흥 강국 중국 162
중국의 세계무역기구 가입이 불러온 관계의 변화 165
트럼프는 미국 외교 전통을 깨뜨린 파괴자인가? 168

4장 제2의 남북 전쟁은 불가피할까?

1 미국 다문화주의의 전통과 특징 173
멜팅 팟과 샐러드 볼 중 미국이 선택해야 할 길은? 175
누가 먼저 미국 땅을 밟았나? 177
무엇이 진정한 미국 다문화주의인가? 180

2 다문화주의 v. 지역주의 184
골드 러시가 불러온 서부 해안의 다문화 물결 185
산악 서부 지역의 보수화, 도시와 농촌의 정치적 격차 187
뿌리 깊은 지역주의의 본질, 남과 북의 분열 190

3 평등의 시작과 보수의 반격 194
분노한 보수주의자들, 공화당으로 향하다 195

	레이건에서 깅리치, 보수 반동의 시대	197
	공화당의 영웅, 조지 W. 부시의 딜레마	201
4	**인권 보호와 차별할 권리를 둘러싼 문화 전쟁**	205
	여성과 남성의 결합만 인정하는 결혼 방어법	206
	총기 규제는 현실적으로 가능한 일일까?	209
	더 이상의 '아메리칸 드림'은 없다, 불법 이민 문제	211
5	**극단으로 치닫는 양극화 현상**	215
	점점 격화되는 '우리'와 '그들'이라는 이분법	216
	불안과 분노의 무대가 된 2016년 선거	218
	미국 민주주의 위기의 날, 1·6 국회 의사당 사태	221

5장 트럼프의 미국은 과연 어디로 갈 것인가?

1	**트럼프를 둘러싼 환상과 허상**	227
	미국 외교 전통을 파기한 이단아	229
	자유무역 전통을 파기한 이단아	232
2	**꺼지지 않는 불씨, 진영 갈등은 어떻게 전개될까?**	236
	위기와 영웅, 반복되는 진영 갈등의 역사	238
	진영 간 감정 싸움의 중심에 선 트럼프	241
3	**트럼프는 미국의 히틀러가 될까?**	243
	수정 헌법 제1조, '표현의 자유'라는 장벽	244
	'견제와 균형'의 원칙이라는 굳건한 기둥	246
	불의에 저항하는 '내부 고발자'라는 전통	248
	트럼프 시대, 민주주의의 마지막 보루는 무엇일까?	250
4	**3차 세계 대전은 일어날까?**	253
	미-중 신냉전은 어디로 치달을 것인가?	255
	만약 신냉전이 무력 충돌로 이어진다면?	259
5	**트럼프 시대의 미래와 우리의 자세**	262
	분열과 갈등으로 얼룩진 극단의 시대	263
	대한민국은 이 위기를 어떻게 넘겨야 할까?	265

1장

트럼프 2기의
탄생 배경과 역사

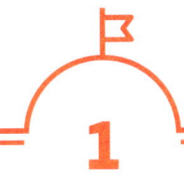

미국 정치계의
이단아가 일으킨 기적

도널드 트럼프는 2020년 미국 대통령 선거에서 패배했다. 4년 전인 2016년 힐러리 클린턴을 근소한 차이로 꺾고 당선되었지만 그의 '미국을 다시 위대하게 만들겠다 Make America Great Again'라는 포부는 단임으로 끝이 났다. 미국에서 현직 대통령이 재선에 실패한 일은 흔치 않다. 조지 H. W. 부시가 1992년 빌 클린턴에게 패한 이후 28년 만의 일이다.

선거 결과가 나오자 트럼프 지지자들은 집단 행동에 나섰다. 트럼프는 선거가 조작되었고 '도둑맞았다'고 주장하며 지지자들을 자극했다. 그는 여러 주에서 부정 선거 소송을 제기했지만 법원은 증거 부족으로 대부분 기각했다. 법무부 역시 부정 선거의 증거를 찾지 못했다. 그럼에도 트럼프는 지지자들에게 "우리는 싸워야 한다"라고 외쳤고, 극우 성향의 소셜 미디어와 유튜브 채널은 그의 주장을 더욱 부풀려 전파했다.

2021년 1월 6일, 미국 역사에 유례없는 사건이 벌어졌다. 선거 결과를 인정하지 않는 트럼프 지지자들이 워싱턴 D.C.의 국회 의사당에 난입하여 폭동을 일으킨 것이다. 이들은 조 바이든의 대통령 당선 인증 절차를 방해하고, 경찰과 충돌하며 심각한 혼란과 피해를 초래했다. 이 사건은 TV를 통해 생중계되었고, 미국인들과 전 세계 사람들이 경악했다. 1789년 미 합중국이 정식으로 출범한 이래 230여 년간 이어져온 미국 민주주의의 전통이 산산조각 나는 순간이었다.

트럼프는 내란 선동 혐의로 탄핵 위기에 처했다. 하원은 탄핵안을 통과시켰으나 상원에서 기각되었다. 탄핵은 피했지만 트럼프의 미래는 불투명해 보였다. 많은 정치 분석가와 언론은 그가 2024년에 다시 출마하지 못할 것이라 예측했다.

그러나 예측은 빗나갔다. 트럼프는 계속해서 부정 선거를 주장했고, 그의 목소리는 점점 더 격해졌다. 그는 불법 이민 문제 등 '미국의 문제'를 언급하며, '미국을 다시 위대하게 만드는 임무'를 완수할 유일한 사람은 자신이라고 강조했다. 지지자들은 단단히 결집했다. 소셜 미디어의 영향력은 상식을 넘어섰다. 대통령 선거에서 상식은 더 이상 통하지 않았다. 트럼프의 주장이 사실인지 아닌지는 중요하지 않았다. 트럼프의 지지자들은 더욱 열광했고, 그의 메시지가 격렬할수록 더 큰 환호를 보냈다.

결국 2024년 트럼프는 다시 기적을 일으켰다. 2016년과 같은 기적은 아니었지만 그의 지지자들에게는 '자연스러운 일'이었다. 트럼프는 기존의 정치적 전통을 거부하고 새로운 길을 개척하며 지지 기반을 강화했다. 그의 승리는 단지 정치적 승리가 아니었다. 양극화된 미국 사회의 단면을 보여주는 상징적인 사건이었다. 다시 말해, 양극화된 미국의 현실을 반영한 결과였다.

트럼프는 어떻게
다시 승리했는가

트럼프가 2024년 대선에서 공화당 후보로 지명되기는 쉽지 않은 일이었다. 그의 인기는 여전했고 지지 기반도 굳건했지만 대부분의 미국인이 그를 어떻게 받아들일지는 불투명했다. 재선에 실패한 대통령이 다시 출마한 사례는 거의 없다. 1892년의 그로버 클리블랜드가 유일했다. 대통령은 재선에 실패하면 다시 출마하지 않는 것이 전통이자 관례였다. 1984년 지미 카터와 1996년 조지 H. W. 부시도 그러했다.

트럼프가 전통을 깨고 다시 출마한 이유는 그가 기존의 정치 관행에 얽매이지 않는 독특한 정치인이라는 점에서 찾아야 한다. 그는 공화당에만 머무르지 않고 여러 차례 당적을 바꾸며 자신만의 정치적 정체성을 만들어왔다. 1987년 공화당에 가입한 뒤 1999년에는 개혁당으로, 2001년에는 민주당으로, 그리고 2009년과 2012년에는 다시 공화당으로 돌아갔다. 이러한 당적 변동은 그가 특정 정당의 전통적인 틀에 얽매이지 않고, 자신의 방식으로 정치적 입지를 다져왔다는 사실을 입증한다. 결과적으로 유연한 정치적 정체성은 공화당 내에서도 그만의 독특한 위치를 확립하는 데 도움이 되었다. 따라서 트럼프가 전통적인 정치인의 틀을 벗어나 다시 줄마한 것은 그의 비전통적이고 독자적인 정치 전략과 관련이 깊다.

이는 미국 양당 체제의 전통을 뒤흔드는 일이지만 그리 놀랄 일은 아니다. 21세기 들어 미국의 양당 정치에는 이미 균열이 생기기 시작했다. 특히 보수 성향의 공화당원들 사이에서 정당에 대한 실망감이 깊게 번졌다. 조지 W. 부시 행정부의 이라크 전쟁 실패, 2008년 버락 오바마의 집권, 2012년 밋 롬니의 패배가 이러한 변화를 가속화한 주요 사건들이다.

2016년 선거에서 워싱턴의 정치 베테랑이었던 힐러리는 오랜 정치 경력을 강점으로 내세웠지만 트럼프는 오히려 이 점을 그녀의 약점으로 끊임없이 부각시켰다. 트럼프는 워싱턴의 베테랑 정치인 힐러리가 미국을 위해 한 것이 무엇인지 몰아붙였고, 이는 보수층뿐 아니라 중도적 성향의 유권자들에게도 공감을 불러일으켰다.

같은 일이 2024년에도 반복되었다. 트럼프는 전통적인 공화당을 '트럼프당'으로 변신시키는 일을 주도했다. 기존 정치권의 무력함에서 벗어나 강력한 카리스마를 바탕으로 '트럼프당'이라는 신화를 창조했다. 그의 지지자들은 공화당 예비 선거에서 반대 후보들을 '반反트럼프'로 낙인찍으며 경쟁자로 출현하는 것을 막아섰다.

결국 트럼프가 2024년 선거에서 당선된 일은 그의 독특한 정치 전략과 강력한 지지 기반 덕분이었다. 전통을 거부하고 새로운 길을 개척한 것이다.

승리 배경에
깊게 새겨진 양극화

우리는 미국의 '스테이트 state'를 '주州'로 번역하지만 건국 당시 미국은 본질적으로 하나의 '주'가 하나의 '국가'나 마찬가지였다. 이 점은 미국을 이해하는 중요한 시작점이다. 13개 국가를 하나의 연방으로 통합하는 일은 어려운 과제였다. 뉴욕과 버지니아 같은 주들은 강력한 자치권을 고수하려 했고, 반면 연방 정부는 통합된 국가로서의 권한을 확대하고자 했다.

'건국의 아버지들 Founding Fathers of the United States•'이라고 불리는 인물들은 갈등을 해결하기 위해 수많은 회의와 논쟁을 거듭했다. 그 결과 탄생한 것이 바로 '견제와 균형'이라는 미국 헌법의 기본 원칙이다. 이 원칙에는 입법, 행정, 사법 세 권력의 분립을 통해 서로를

• 미국 독립 혁명 및 연방 수립의 공로자들로 초기 대통령 5명을 포함해 국가를 세우는 데 일조한 이들을 가리킨다. 조지 워싱턴, 벤자민 프랭클린, 토머스 재퍼슨 등이 있다.

'견제와 균형' 원칙에 의거해 제정된 미국 헌법.

견제하게 함으로써 정부 권력이 한쪽으로 치우치지 않도록 설계되었고 동시에 주 정부와 연방 정부 사이의 권한 배분에도 균형을 이루려는 깊은 고민이 담겨 있다. 이러한 설계 덕분에 미국은 다양한 이해관계와 정체성을 가진 주들이 모여 복잡한 연방 체제를 유지할 수 있던 것이다.

그러나 시간이 흐르면서 이 원칙을 지키는 것이 어려워졌다. 연방당과 민주공화당 간의 분열은 심화되었고, 19세기 중반에는 '양극화'가 연방을 분열시켰다. 이는 1861년 남북 전쟁으로 이어졌다. 수많은 목숨을 앗아간 이 내전은 노예 제도가 결정적인 분쟁 원인이었지만 이미 미국은 건국 때부터 모든 면에서 극심한 양극화를 겪고 있었다.

남북 전쟁 이후에도 양극화는 해결되지 않았다. 패배한 남부는 더욱 단결했고 '견고한 남부 Solid South'라는 개념이 등장했다. 남부 주들은 인종 차별과 백인 우월주의를 바탕으로 자신들만의 정치적 정체성을 확립했다. 이는 오늘날까지 지속되는 중이다. 미국의 양당제는 남북 간의 적대적인 지역 정서에 뿌리를 두고 있다. 양극화는 그 파생물이다.

양극화는 시대마다 모습을 달리 했다. 1960년대의 민권 운동, 반전 운동, 여성 해방 운동 등은 정치적 양극화로 이어졌고, 남북 간의 분열을 더욱 피할 수 없게 만들었다. 현재의 양당 체제는 여전히 지역적 갈등을 기반으로 세력을 유지 중이다. 공화당이 남쪽을, 민주당이 북쪽을 지배하는 구도는 여전하다. 최근 몇 년 사이 전통적인 남부 주들 몇몇이 경합주에 포함되는 경우는 있었다. 애리조나, 노스캐롤라이나, 조지아와 같은 주들이 그렇다. 플로리다는 미국 최남단에 위치해 있지만 전통적인 의미에서 남부에 속하는 주로 분류할 수는 없다. 따뜻한 기후 때문에 북부에서 많은 사람들이 이주해왔고, 쿠바와 같은 곳에서 온 히스패닉 이민자가 많기 때문이다. 하지만 경합주가 되고 이주자, 이민자가 많다고 해도 여전히 남북 간의 지역 구도는 크게 변하지 않았다.

트럼프는 이러한 지역 구도에 근거한 양극화의 최대 수혜자다. 그는 자신의 정체성을 확고히 하고 지지자들을 결집시키기 위해 양극화를 더욱 심화시켰다. 누가, 왜 트럼프를 지지했는가를 살펴보면 이 점을 분명히 알 수 있다.

누가, 왜 트럼프를 지지했을까?

트럼프 지지자들은 다양한 사회적·경제적 배경을 가진 사람들이지만 그들 사이에는 몇 가지 공통된 특징이 있다. 잠시 후 자세히 살펴볼 미국의 전통적인 지역 구도와 정치적·문화적 차이 외에 이들 사이의 가장 두드러진 공통점은 기존 정치 체제와 엘리트들에 대한 깊은 불신과 불만이다.

불신과 불만은 미국 역사 속에서 끊임없이 존재해온 뿌리 깊은 감정이다. 특히나 2008년 버락 오바마가 대통령으로 당선된 이후 보수주의자들이 품어온 공화당 엘리트들에 대한 기대가 크게 무너졌다. 조지 W. 부시 대통령은 9·11 테러 직후 이라크 전쟁을 강행했으나 그의 지지율은 빠르게 하락했다. 여기에 2008년 금융 위기가 임기 말에 덮치면서 상황은 한층 더 심각해졌다. 리먼 브라더스의 파산은 세계적인 금융 위기로 확산되었고, 심각한 경제적 충격과 대량 실업을 초래했다.

2008년의 금융 위기는 '대침체 Great Recession'로 불리게 되었다. 정부의 개입 덕분에 위기는 상대적으로 빠르게 극복되었지만 사회적·경제적 양극화는 더욱 깊어졌다. 경제적 불안정은 많은 이들에게 일자리와 집을 잃게 했고, 사회적 불만을 증폭시켰으며, 소득 불평등은 더욱 두드러졌다. 금융권의 탐욕과 부주의한 대출 관행이 이 위기의 씨앗이었지만 그보다 더 깊게 뿌리내린 것은 기득권층에 대한 대중의 불신이었다. 특히 경제 회복 과정에서 중산층과 저소득층 사이의 격차가 크게 벌어지면서 대중의 불만은 정치권으로 전이되었다.

이 불만이 대통령 선거에서 분출되어 2008년과 2012년 선거에서 버락 오바마의 당선과 재선으로 나타난 것이다. 오바마 대통령은 경기 부양책과 긴급 지원 프로그램을 통해 경제 위기를 극복하는 데 기여했다. 실업률은 점차 감소하였고, 많은 일자리가 창출되었고, 경제는 서서히 안정세로 돌아섰다. 그럼에도 기성 정치 세력과 엘리트에 대한 대중의 불만은 계속되었고 더욱 격렬해졌다. 이 점이 의문이다. 오바마 행정부의 업적과는 상관없이 왜 양극화는 줄어들지 않고 오히려 증폭되었을까?

단단히 결집한 백인 보수주의자들의 역사

오바마 행정부는 2008년 금융 위기를 성공적으로 극복했으나 위기의 여파는 여전했다. 경기 회복의 과정에서 중산층과 저소득층 격차는 더욱 벌어졌고, 이로 인해 사회적 불만과 정치적 양극화가 심각한 상황이었다. 특히 미국 남부의 백인들 사이에서 불만이 가장 거세게 나타났다.

오바마는 경제를 안정화시켰지만 트럼프의 주요 지지층이 된 남부 백인들 사이에서는 기존 정치 질서에 대한 불만이 고조되고 있었다. 단순한 정치적 반감이 아니라, 미국 역사 속 깊이 뿌리내린 백인 우월주의와 인종 차별이라는 그림자에서 비롯된 불만이었다. 인종 차별은 미국 역사 전반에 걸쳐 끊임없이 이어져왔으며 남북 전쟁의 핵심 쟁점으로 자리잡은 이후로도 남부에 지대한 영향을 미쳐왔다.

20세기에 들어서자, 12년 간의 공화당 통치는 경제 대공황으로 무너졌다. 1933년 프랭클린 D. 루스벨트의 민주당 정권이 시작되었다. 루스벨트는 뉴딜 정책 New Deal*으로 경제 위기를 극복하고 존경받는 대통령으로 자리매김했다. 하지만 남부 백인 보수주의자들

- 1930년대 미국 대공황을 극복하기 위해 추진한 대규모 정부 개입 정책. 경제 회복, 실업 구제, 사회 복지 강화를 목표로 공공사업을 확대하고 금융을 규제했으며, 농산물 가격 안정 등의 정책을 시행했다.

은 루스벨트의 흑인 포용 정책에 반발해 전통적으로 지지하던 민주당을 떠나 공화당을 지지하기 시작했다. 이러한 변화는 1960년대 민주당의 민권 정책으로 가속화되었고, 특히 1964년 민권법 통과가 민주당 이탈의 결정적인 요인이 되었다. 이 법은 공공시설과 고용에서 인종, 종교, 성별에 따른 차별을 금지하는 법으로, 미국 사회에서 인권과 평등의 토대를 마련했다. 노예 해방 이후 100년 동안 차별과 편견에 직면했던 흑인들이 진정한 권리와 평등을 얻을 수 있게 하는 역사적인 순간이었다.

이후에도 남부의 백인 보수주의자들은 공화당을 지지했으나 2008년 오바마의 당선으로 균열이 생겼다. 2012년 공화당은 밋 롬니를 지명했지만 오바마의 재선을 막지 못하자 실망감이 커졌다. 백인 보수주의자들은 공화당의 엘리트 정치인들에 대한 믿음을 잃기 시작했다. 공화당 내부에서는 전통적인 보수주의에 도전하는 급진 단체들이 등장했다. 백인 보수주의자들은 오바마의 진보 정책에 불만을 표출하며 극단적인 입장을 취했다.

남부 백인 보수주의자들은 낮은 세금, 제한된 정부, 도덕적 보수주의라는 전통적 가치를 고수한다. 이러한 보수적인 기류는 1980년대 레이건 시대에 강화되었으며 2000년대 조지 W. 부시 정부 하에서도 계속되었다. 하지만 오바마의 등장은 시대의 물결을 바꾸는 신호탄이 되었다. 최초의 흑인 대통령이라는 역사적 상징성과 금융 위기가 빚어낸 사회 불안은 급진적 보수주의에 강한 불만을 안겼다. 오바마는 다양한 소수자·인권 문제를 전면에 내세우며 전통적인 보수주의가 지닌 한계를 여실히 들춰냈다. 이에 따라 보수 진영 내에서도 가치와 정체성에 대한 논쟁이 일어났고 미국 정치의 양극화는 심화되었다.

이러한 흐름 속에서 트럼프가 등장하자 남부 백인 보수주의자들은 그의 솔직하고 대담한 스타일에 매력을 느꼈다. 트럼프는 아웃사이더로서 기존 정치 질서에 반대하며, 스스로를 '보수주의자들의 대변자'로 자리매김시키는 데 성공했다. 그의 등장은 보수주의자들에게 새로운 희망이 되었다.

대통령 당선을 좌우하는 스윙 스테이트

미국 남부의 공화당 지지자들이 트럼프 편에 선 것은 역사적·정치적 성향을 감안할 때 그리 놀랄 일이 아니다. 지역적 분열에 기반한 정치 성향은 오랫동안 미국 대통령 선거에 뿌리내려 왔기에, 남부 보수주의자들이 트럼프를 선택한 것은 자연스러운 일이었다.

미국 대통령 선거의 진정한 격전지는 스윙 스테이트라고도 불리는 경합주들이다. 이 경합주들이 선거 결과를 결정짓는 열쇠가 된다. 최근에는 전통적으로 공화당 지지 지역으로 분류되던 남부의 일부 주들이 경합주로 편입되면서 노스캐롤라이나, 조지아, 애리조나가 주목받았다. 하지만 진정한 승부처는 중서부의 펜실베이니아,

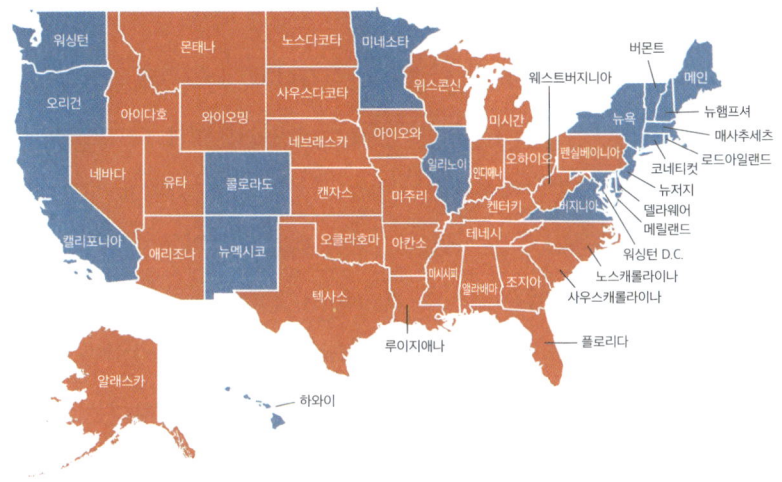

2024년 대통령 선거 결과(빨간색이 공화당, 파란색이 민주당).

미시간, 위스콘신이다.

그렇다면 왜 경합주에 사는 백인 노동자 계층의 유권자들이 트럼프를 선택했을까? 이유는 여러 가지겠지만 그들이 2016년과 2024년 선거에서 트럼프를 선택한 이유는 경제적 요인이 컸다. 트럼프의 경제 성장과 일자리 창출에 대한 약속은 매력적이었다.

중서부 지역의 펜실베이니아, 미시간, 위스콘신은 '러스트 벨트'의 중심지로 미국 제조업의 심장부였으나 현재는 산업이 쇠퇴하면서 어려움을 겪는 중이다. 피츠버그를 중심으로 번성했던 펜실베이니아의 철강 산업, 디트로이트를 중심으로 굴러가던 미시간의 자동차 산업, 그리고 위스콘신의 농기계 산업은 모두 시대의 격랑 속에 휘말려 거센 변혁의 소용돌이를 맞이했다.

이러한 위기의 근본 원인은 미국 제조업의 국제 경쟁력 하락과 산업 환경의 변화에 있다. 실업률은 증가하고, 많은 노동자들이 일자리를 찾아 다른 지역으로 이주했다. 기업들은 비용 절감을 위해 생산 시설을 해외로 이전하면서 지역 경제는 더욱 악화되었다.

가장 큰 타격을 입은 이들은 저학력 백인 노동자들이었다. 전통적으로 미국 제조업은 고도의 기술을 요구하지 않았기 때문에 이들은 주로 산업 현장에서 든든한 주축이 되어 일했다. 하지만 이들은 경제가 위축된 원인을 산업 구조의 변화에서 찾기보다는 불법 이민자와 낮은 관세로 쏟아져 들어오는 외국산 제품 탓으로 돌리며, 불안과 분노를 깊이 품고 있다.

이때 트럼프는 불법 이민 단속과 고관세 정책을 내세워 러스트 벨트 노동자들의 마음을 사로잡았다. 그는 기존 정치인들과는 확연히 달랐다. 거친 말투와 행동 뒤에는 그들의 고통을 누구보다도 잘 이해하고 있다는 동질감이 자리했고, 그는 그들에게 문제를 해결해 줄 희망으로 다가갔다.

새로운 소셜 미디어와
정보 생태계의 변화

2016년부터 소셜 미디어는 미국 대통령 선거에서 가장 중요한 매체가 되었고, 트럼프는 이를 효과적으로 활용했다. 트럼프의 2024년 선거 승리는 소셜 미디어의 막강한 영향력을 다시금 입증한 사건이었다. 소셜 미디어는 정치판의 판도를 뒤흔들며 존재감을 굳건히 다져왔고, 전통적인 정치인의 틀을 벗어난 트럼프는 이 새로운 미디어의 힘을 누구보다도 날카롭게 꿰뚫어 보았다.

트럼프는 CNN이나 뉴욕타임스 같은 전통 매체들을 '가짜 뉴스'라고 규정하며, 자신의 견해만이 진실임을 강력히 주장했다. 이러한 태도는 기존 언론에 대한 불신을 부추기며 그의 지지층을 더욱 결집시켰다. 그는 X(전, 트위터)를 이용해 대중에게 직접 메시지를 전달하며, 길고 복잡한 전통 미디어의 보도 대신 소셜 미디어를 통해 간결하고 강렬한 메시지로 사람들의 마음을 사로잡았다. 전통 미디어의 길고 논리적인 보도와 달리 트럼프의 짧고 단호한 스타일은 그의 이미지와 잘 맞아떨어졌다.

이 과정에서 종종 잘못된 정보를 퍼뜨려 비판의 대상이 되었지만 그러한 비판조차 대중의 관심을 더욱 끌어모았다. 트럼프의 트윗은 끊임없이 쏟아져 나왔고, 걸러지지 않은 직설적인 메시지는 전통 미디어의 다듬어진 콘텐츠를 거침없이 압도했다. 특히 중서부의 백인 노동자 계층 유권자들에게는 딱딱하고 세련된 언어로 말하는 언론 보도보다 자신들과 비슷한 톤으로 말하는 트럼프가 그들의 입장을 대변할 인물로 보였다.

억만장자 일론 머스크가 트럼프를 공개적으로 지지하면서 트럼프의 소셜 미디어 전략은 더욱 탄력을 받았다. 머스크는 2023년 트위터를 인수해 X로 브랜드명을 변경하고, '언론의 자유'를 강조했

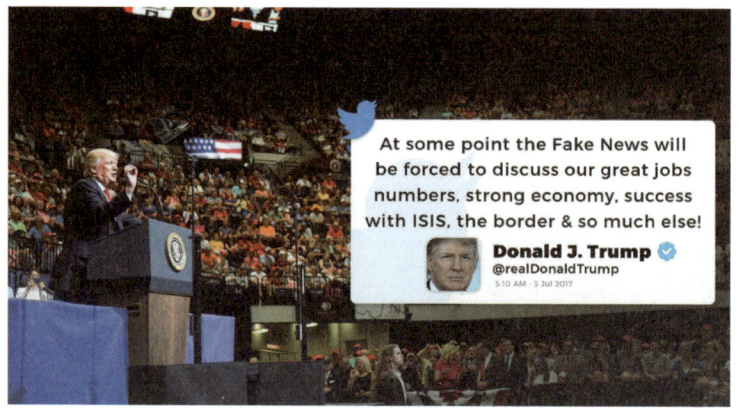

적극적으로 소셜 미디어를 활용한 트럼프.

다. 머스크는 가짜 뉴스의 확산에도 불구하고 이를 표현의 자유로 보았다. 특히 2024년에는 트럼프의 선거 운동을 후원하며 지지 의사를 분명히 밝혔다.

트럼프식 수사법은 공개 연설과 TV 토론에서도 고스란히 드러났다. 2024년 9월 10일 TV 토론회에서 카멀라 해리스 부통령과 맞붙은 트럼프는 불법 이민 문제를 끊임없이 되풀이하며 강조했다. 비논리적이고 사실과 거리가 먼 발언이었지만 트럼프는 아랑곳하지 않았다. 관세, 인플레이션, 전쟁 종식 등 다양한 현안이 거론되었으나 트럼프는 모든 주제를 불법 이민 문제로 귀결시켰다. 이는 트럼프 특유의 수사 전략으로, 유권자들의 감정을 자극하는 데 집중하기 위해서였다.

2024년 트럼프의 승리는 곧 논리의 패배를 의미했다. 오랜 세월 미국 정치에서 논리적 사고와 이해력, 절제된 표현은 성숙한 정치인의 덕목으로 여겨졌으나 이제는 시대에 뒤쳐진 유산으로 치부되고 말았다. 이러한 변화는 소셜 미디어와 같은 새로운 미디어의 등장이 가능케 한 것이었고, 트럼프는 미디어 혁명의 한복판에 서 있었다.

3

미국의 현재를 들여다보다
: 경제와 사회

"문제는 경제야, 바보야."

이 단순한 문구는 1992년 미국 대선에서 민주당 후보 빌 클린턴이 사용했던 슬로건으로, 당시 선거의 중심 메시지로 자리잡았다. 냉전이 막을 내린 후 처음으로 치러진 이 대선은 전 세계의 시선을 받았다. 1989년 베를린 장벽이 무너지고, 1991년 소련이 해체되면서 냉전의 그림자가 걷혔고 미국은 새로운 역사적 국면을 맞이하고 있었다.

조지 H. W. 부시 대통령은 2차 세계 대전에서 전투기 조종사로 복무했고, 국제연합^{UN} 주재 미국 대사와 미국 중앙정보국^{CIA} 국장이라는 경력을 가지고 있었다. 무엇보다도 그는 대통령 재임 동안 걸프 전쟁을 성공적으로 이끈 지도자로, 높은 지지율을 자랑했다. 반면 빌 클린턴은 정치 경험이 부족한 젊은 후보로, 도덕적 비난을 받기도 했다. 하지만 클린턴은 경제 문제에 집중하며 "문제는 경제야, 바보야"라는 슬로건으로 유권자들의 마음을 사로잡았다.

당시 미국은 심각한 경제 불황을 맞이했다. 고용률은 떨어지고 소비자 신뢰는 낮아졌다. 유권자들은 부시의 외교적 성과보다는 일상에서 겪는 경제적 어려움에 더 큰 관심을 가졌다. 클린턴은 이러한 불안을 파고들어 경제 재건을 약속했고 성공을 거두었다. 이 슬로건은 결국 12년 간의 공화당 정권을 끝내고 클린턴의 민주당 정권을 출범시켰다.

2024년의 대선은 1992년의 대선과 닮아 있었다. 트럼프라는 독특한 변수가 있었지만 유권자들에게 가장 큰 이슈는 경제였다. 인플레이션과 치솟는 물가가 많은 이들의 불안을 자극했다. 트럼프는 '미국을 다시 위대하게 만들겠다'는 구호 아래 경제 안정을 약속했다. 2024년 8월 인플레이션율은 2.5%로 내려갔음에도 체감 경기는 여전히 어두웠다. 특히 펜실베이니아, 미시간, 위스콘신 같은 경합주에서는 물가 문제가 주요 이슈였다. 트럼프는 불법 이민 단속과 관세 정책 강화로 경제를 되살리겠다고 공언했다.

인플레이션과
경기 둔화라는 공포

2025년 미국은 심각한 인플레이션의 그늘 아래에서 고통받는 중이다. 코로나19 팬데믹이 촉발한 경제적 변동은 물가 상승으로 이어졌고, 2022년 여름에는 40년 만에 최고치인 9.1%에 달하는 인플레이션이 기록되며 국민들의 삶을 무겁게 짓눌렀다. 소비자 물가는 끊임없이 오르며 경제 전반에 큰 부담을 안겼다.

2024년 대선에서 트럼프는 경제 위기를 바이든 행정부의 무능함 탓으로 돌리며 유권자들의 마음을 사로잡았다. 하지만 이 문제는 과거 트럼프 행정부 시절의 정책에서도 비롯된 바 있어, 바이든 정부만 비난하는 것은 공정하지 않다. 그럼에도 많은 유권자들이 물가 상승과 인플레이션의 원인이 바이든 행정부의 재정 지원과 경기 부양책 때문이라고 믿었다.

트럼프의 두 번째 임기가 시작되었다. 최근 미국의 여론 조사 기관인 퓨 리서치 센터의 조사에 따르면 미국인의 62%가 인플레이션을 매우 심각한 문제로 여긴다고 답했다. 2022년의 70%보다는 낮아졌지만 여전히 많은 미국인들이 인플레이션을 가장 심각한 문제로 인식하고 있다. 게다가 인플레이션과 경기 침체가 동시에 발생하는 스태그플레이션에 대한 우려도 커지는 중이다. 전문가들은 현재의 경제 지표가 경기 침체의 조짐을 보인다고 경고한다.

트럼프는 에너지 비용 절감으로 인플레이션 해결을 꾀한다. 그는 에너지 생산과 비용 절감이 인플레이션 해결의 핵심이라 주장하며 이전 정부의 석유·가스 정책을 비판했다. 그는 "드릴, 베이비, 드릴Drill, baby, drill"이라는 구호를 외치며 미국의 석유와 가스 자원을 적극 개발하겠다는 의지를 밝혔다. 안정적인 에너지 생산국으로 자리잡아 외부 의존을 줄이고 에너지 가격을 낮추려는 의도. 하지만 이러한 정책은 의회의 지원 없이는 시행하기 어려울 수 있다.

연방준비제도 Federal Reserve System는 금리 인상을 통해 인플레이션을 억제하려 하지만 금리 인상은 경제 성장 둔화, 소비자 및 기업의 대출 비용 증가를 초래할 수 있다. 현재 물가 상승 문제는 심각하다. 특히 식료품과 에너지 가격의 급등은 많은 가정에 큰 충격을 주고 있다. 전문가들은 고물가 현상이 단기적인 문제가 아닐 것이라 경고하며, 소비자 구매력 저하와 경제 전반에 부정적인 영향을 미칠 가능성이 크다고 우려를 표하는 중이다.

고관세로 치솟는
인플레이션을 잡는다?

에너지 정책 외에도 트럼프는 물가 문제를 잡기 위해 다양한 정책을 내세우고 있다. 하지만 이러한 정책들이 인플레이션을 오히려 악화시키고 소비자와 시장의 신뢰를 잃고 있다는 비판도 제기되고 있다. 특히 트럼프가 주요 공약으로 내세운 고관세 정책이 물가 상승을 더욱 부추길 것이라는 전망이 나오면서 불안감이 커지는 중이다.

관세가 인플레이션에 미치는 영향을 분석할 때는 다양한 요소를 고려해야 한다. 예를 들어, 수입품의 가격 상승은 소비자에게 직접적인 부담으로 작용할 수 있으며 이는 결국 소비 감소로 이어질 가능성이 높다. 그러면 기업들은 생산 비용을 줄이기 위해 고용을 줄이거나 투자를 연기하는 등의 조치를 취할 수밖에 없고, 이로 인해 경제 전반에 부정적인 파급 효과가 발생해 경기 회복을 더욱 어렵게 만들 수도 있다.

이웃 캐나다와 멕시코에 부과하는 고관세는 미국의 생필품 가격을 올린다. 이는 소비자 지출 감소와 경기 둔화로 이어진다. 특히 농업처럼 수출 의존도가 높은 산업에서는 소득 감소가 우려되며, 이러한 경제적 불확실성은 소비자 신뢰에도 부정적인 영향을 미친다. 전문가들은 트럼프의 정책들이 단기적인 해결책에 그칠 가능성이 높다고 경고하고 있다. 장기적으로는 경제 전반에 걸쳐 부정적인 영향을 미칠 것이며, 미국 경제의 회복력에도 악영향을 줄 것으로 예상된다.

인플레이션과 관세 사이에는 복잡한 상관관계가 존재한다. 물론 트럼프가 추진한 고관세 정책이 무역 적자를 줄이고 미국 내 산업 활성화와 일자리 창출로 이어질 가능성도 존재하지만 이는 아직 가정 단계에 머무른다. 오늘날 미국 경제는 세계 경제와 깊이 연동되어 있어서 관세 정책만으로 경기 회복을 기대하는 것은 현실을 지나치게 단순화하는 일이다.

부정적 결과를 초래했던
미국 역사 속 고관세 정책

미국은 건국 초기부터 국제 무역에 개방적인 자유무역 정책을 지향했다. 외교적으로는 엄격한 중립주의를 유지했다. 유럽의 복잡한 세력 싸움에서 벗어나 경제적 이익을 극대화하기 위해서다. 하지만 1820년대 후반 미국 내에서 산업화가 진행되면서 북부의 공업 지대에 대한 보호가 필요하다는 주장이 대두되자, 연방 정부는 외국산 제품에 여러 차례 고율의 관세를 부과하는 보호무역 정책을 시행했다.

특히 1828년 관세부터 시작된 고관세 정책은 북부 제조업의 성장에 크게 기여했지만 농업 중심의 남부 주들은 이로 인해 원자재 수입과 해외 곡물 수출에 어려움을 겪으며 관세법에 반발했다. 이 관세법을 둘러싸고 북부와 남부 간 경제적 이해관계의 충돌이 심화되었고, 이러한 긴장감은 결국 1861년 발발한 남북 전쟁의 한 원인으로 작용했다.

이후 1890년 미국은 '매킨리 관세법'을 통해 다시 한번 자국 산업 보호를 강화했다. 이 법은 철강, 섬유 등 주요 산업에 높은 관세를 부과하여 미국 제조업의 경쟁력을 높이고자 시행되었다. 하지만 소비재 가격이 크게 상승해서 중산층과 노동자 계층의 생활비 부담이 가중되었고, 내수 시장의 위축과 함께 1893년 대공황의 한 요인이 되었다.

가장 치명적인 사례로 꼽히는 것은 1930년 제정된 '스무트-홀리 관세법'이다. 당시 미국은 1929년 시작된 경제 대공황의 충격 속에 허덕이고 있었다. 허버트 후버 대통령은 자국 제조업을 보호하기 위해 자유무역 원칙을 포기하고, 외국산 제품에 전례 없이 높은 관세를 부과하는 정책을 펼쳤다. 스무트-홀리 관세법은 평균 관세율을 약 60%까지 끌어올리며, 수입품에 대한 장벽을 극적으로 높였다. 이 조치로 미국 내 수입이 급격히 감소했고, 주요 교역 파트너였던 유럽 각국도 보복성 관세를 잇따라 부과하면서 세계 무역은 사실상 마비 상태에 빠졌다.

무역 감소와 경제 위축은 대공황을 더욱 악화시켰고, 유럽 경제 역시 심각한 불황을 맞아 사회 불안이 증폭되었다. 독일에서는 경제적 혼란과 실업 대란 속에서 나치당이 세력을 확장하는 토양이 되었으며, 결국 아돌프 히틀러가 1933년 정권을 장악하는 역사적 요인으로 작용했다. 이러한 맥락에서 스무트-홀리 관세법은 미국 내 경제 위기뿐 아니라 국제 정치 지형에도 중대한 영향을 미친 결정적인 사건으로 평가받는다.

미국의 산업 구조는 다양하기에 고관세 정책은 특정 지역에는 긍정적인 영향을 미치지만 다른 지역에는 부정적인 영향을 미쳐서 사회적 분열과 경제 불황을 초래하는 경향이 있다. 1830년대의 관세법은 북부의 상공업 경제에 유리하게 작용했지만 남부의 농업 경제에는 치명적이었다. 유럽 국가들의 보복 관세에 남부의 농산물 수출이 타격을 입었기 때문이다. 이러한 상황은 1890년대와 1930년대에도 반복되었다.

트럼프의 고관세 정책은 과거의 전례를 되풀이할 위험이 크다. 예를 들어 미국 자동차 산업을 보호하기 위해 외국산 자동차에 높은 관세를 부과한다면, 자동차 산업이 집결한 미시간과 오하이오는 단기적인 혜택을 누릴 수 있다. 하지만 동시에 이러한 조치에 대한 보복으로 미국산 농산물에 대한 외국의 관세가 강화된다면, 캘리포니아와 루이지애나의 농민들은 심각한 타격을 받을 수밖에 없다. 고관세가 국제 무역 긴장을 고조시키면 농산물뿐 아니라 다양한 산업에서 수출이 위축되면서 경제 전반에 걸쳐 악영향을 미치게 된다. 결국 이는 소비자 물가의 상승을 부추기고, 경제 침체를 더욱 깊게 만드는 악순환으로 이어질 가능성이 크다.

불법 이민을 막으면
거의 모든 문제가 해결된다?

현재 미국 내 이민자 수는 약 4천 7백만 명 안팎으로 추정되며, 그중 불법 이민자 수는 약 천 백만 명 정도로 짐작된다. 전체 미국 인구가 약 3억 3천만 명 정도라는 점을 고려하면 이민자는 전체 인구의 약 14% 정도를 차지하는 셈이고, 불법 이민자는 전체 이민자 중 약 20~25% 사이에 위치하는 것으로 보고된다. 2016년 트럼프는 대선에 나서면서 불법 이민 문제를 들고 나왔다. 2024년에는 거의 모든 문제가 불법 이민에서 비롯된다고 주장했다. 바이든 행정부의 느슨한 이민 정책이 이민자

급증의 원인이라고 비판했다.

실제로 2021년부터 2023년까지 이민자 수는 240만 명이 증가했다. 이 중에서 약 60%가 불법 이민자로 추정되는데 주로 멕시코, 인도, 중국에서 유입되었다. 특히 멕시코와 라틴 아메리카 출신의 불법 이민자가 전체의 80%며, 그 절반은 멕시코 출신이다.

최근 멕시코 국경을 통해 유입된 중국인 불법 이민자의 수가 급격히 증가했다. 2023년에는 멕시코 국경에서 구금된 중국인의 수가 3만 7천 명에 달해 코로나19 팬데믹 이전보다 무려 10배나 늘어났다. 2024년에는 이 수치가 7만 8천 명으로 2배 이상 급증했다. 그 배경에는 중국 내 경제적 불안과 정치적 압박을 피해 탈출하려는 중산층 중국인들의 움직임이 있었다.

트럼프는 미국이 안고 있는 모든 문제의 근본 원인이 불법 이민에 있다고 주장하지만 이러한 주장은 논란의 여지가 있다. 불법 이민은 범죄율 증가와 일자리 감소, 사회적 부담을 초래할 수 있다는 우려를 종종 불러온다. 하지만 오히려 불법 이민자들의 범죄율은 미국 태생 시민들의 범죄율보다 낮다. 체포되면 추방될 가능성이 높아 범죄를 저지를 가능성 자체가 낮기 때문이다. 농업과 건설업에서는 불법 이민자들의 노동력이 필수적이다. 불법 이민자들의 수가 줄면 노동력 부족이 심화되고, 물가 상승과 인플레이션 문제를 악화시킬 수 있다.

불법 이민은 미국 내 사회적 긴장을 고조시키고 이민자에 대한 적대감을 키운다. 이러한 긴장과 적대감은 이민자와 기존 주민 간의 갈등을 부추기고, 주요 사회 문제로 부각될 것이다. 그동안 이민 문제는 인종 차별을 위한 근거와 정치적 이익을 위해 이용되어왔다. 1840년대 아일랜드 대기근 이후 아일랜드 이민자 유입이 대거 이루어지자 반이민 정당인 미국당American Party*이 등장하며 이들을 겨냥한 앵글로색슨 중심의 인종 차별주의를 공공연히 내세운 것처럼 말이다.

이같은 현상은 19세기 후반에 더욱 극심해졌다. 19세기 말과 20세기 초에도 이민 제한 운동이 활발히 전개되었고, 1924년에는 엄격한 이민 규제법이 제정되었다. 하지만 규제는 오히려 불법 이민을 조장하는 역효과를 낳았다.

미국은 이민자의 나라다. 이민 문제는 계속 제기되어왔고, 인종 차별에 기반한 정치적 이익과도 밀접하게 연결되어 있다. 트럼프의 '미국을 다시 위대하게 만들자'라는 슬로건은 단지 변형된 표현일 뿐이며, 미국 건국 이래로 계속 등장해온 배척의 언어다.

- 1850년대 영국계 미국인들이 다수였던 뉴잉글랜드를 중심으로 활동하며 가톨릭, 외국인, 이민자 배척에 앞장섰다. 아일랜드인, 독일인은 물론 유대인, 중국인을 포함한 아시안, 히스패닉, 무슬림 등으로 대상을 바꾸면서 반이민 정서를 이어나가다 1860년대에 해체되었다. 비밀 활동에 대해 질문을 받으면 당원들이 "모른다I know nothing"라고 대답해서 '무지당'이라는 별명이 붙었다.

미국의 현재를 들여다보다
: 민주주의

　한때 '민주주의의 등대'로 찬사를 받던 미국의 명성이 서서히 빛을 잃어가고 있다. 최근 여론 조사에 따르면 미국인의 약 4분의 3이 미국의 민주주의가 더 이상 세계를 이끄는 모범이 아니라고 믿고 있다. 2023년 12월 조사에서는 60%를 넘는 응답자들이 '다가오는 2024년 대통령 선거 결과가 미국 민주주의의 운명을 결정지을 것'이라고 우려했다. 공화당 지지자들은 민주당 후보를 민주주의의 위협으로 바라보고, 민주당 지지자들은 공화당 후보를 적대시하며 깊이 분열되었다.
　특히 2020년 선거 결과의 인준을 저지하려던 트럼프 지지자들의 1월 6일 국회 의사당 공격은 선거의 공정성과 평화로운 권력 이양에 대한 깊은 의구심을 낳았다. 그날의 사건은 사회 전반에 뿌리 내린 심각한 분열을 적나라하게 드러냈다. 사람들은 각기 다른 진실을 믿으며, 민주주의를 지탱하는 합의와 신뢰가 크게 흔들리고 있음을 절감했다.

이러한 양극화는 단순한 정치적 이념을 넘어 개인과 집단 사이의 신뢰를 훼손하는 근원적인 문제로 자리잡았다. 사람들은 자신의 신념에 부합하는 정보만 골라서 받아들인다. 이로써 사회의 분열이 더욱 깊어지는 중이다.

2024년 대통령 선거 때는 만약 트럼프가 패배한다면 1월 6일 사태가 재연될까 하는 우려의 그림자가 짙게 드리웠다. 다행히 패배한 카멀라 해리스 지지자들이 분노를 자제하면서 긴장을 어느 정도 누그러뜨렸지만 사회 전반에 깔린 불안은 여전히 사라지지 않았다. 마치 언제 폭발할지 모르는 휴화산처럼 양극화의 불씨는 여전히 꺼지지 않고 있다.

때아닌 좌파
마르크스 이념 논쟁

2024년 대통령 선거 이후 미국은 2021년 1월 6일 사태와 같은 혼란을 다시 경험하지 않았지만 선거 기간 동안 드러난 이념적 분열의 여파는 여전히 계속되는 중이다. 트럼프는 해리스를 극단 좌파로 몰아세우며 미국 대선 역사상 가장 노골적인 '마르크스주의' 이념 논쟁을 일으켰다.

'좌파와 우파'의 대립은 미국에서 새로운 현상이 아니다. 1917년 러시아에서 볼셰비키 혁명이 성공한 이후로 미국에서는 좌파와 우파가 끊임없이 대결을 벌여왔다. 1920년대의 반공주의, 1950년대의 매카시즘 McCarthyism*이 대표적인 사례다. 탈냉전 시대였던 1990년대에도 대립의 강도는 냉전 시대와 맞먹을 정도로 치열했다. 공화당 소속 하원의장 뉴트 깅리치가 이끄는 보수 공화당원들은 민주당의 빌 클린턴 정부가 국가를 좌경화하고 민주주의를 훼손하는 세력이라고 규정하며 '미국과의 계약 Contract with America**'이라는 보수 반동의 깃발을 내걸었다. 그렇게 미국 정치사는 또 한 번 격변의 물결을 맞이했다.

한편 2024년 대통령 선거로 촉발된 좌파와 우파 간의 갈등은 이전과는 달랐다. 이전의 갈등은 주로 민주당 행정부가 추진하는 진

---

* 1950년 초 조셉 매카시 상원의원 주도로 이루어진 공산주의자 색출 열풍. 매카시즘은 냉전 초기 소련과의 긴장 속에서 미국 내 공산주의 확산에 대한 두려움이 극에 달한 상황에서 발생했다. 무고한 시민들을 희생시키고 표현의 자유와 인권을 심각하게 훼손했다는 비판을 받으며 1954년 매카시가 상원 윤리위원회에 의해 비난받으면서 힘을 잃었다.

** 1994년 의회 선거 운동 기간에 공화당이 주창한 입법 의제. 공화당이 제정하겠다고 한 8가지 안건과 선거 후 다수당이 되면 본회의 표결에 회부하겠다고 한 10가지 법안이다. 정부 규모 축소, 감세, 불법 행위에 대한 개혁, 복지 개혁 등 보수 공화당원들의 견해를 주 내용으로 한다. 1994년 선거에서 공화당이 40년 만에 미국 하원에서 다수당의 위치를 차지하자 '미국과의 계약'은 미국 보수 지지자들에게 승리로 받아들여졌다.

보적 정책을 견제하는 데 목적이 있었지만 이번 갈등은 정책보다는 상대방을 특정한 이념적 틀에 가두려는 전략으로 인해 촉발되었다. 이념 논쟁이라기보다는 선언적 이념 가르기에 가까웠다.

빠르게 변화하는 정보 생태계 때문에 이와 같은 언어적 수사법은 양극화를 심화시킨다. 소셜 미디어와 유튜브 쇼츠처럼 짧고 자극적인 콘텐츠가 넘쳐나는 환경 속에서 유권자들은 깊이 사고하기보다는 점점 더 단편적인 인식에 머무르게 된다. 알고리즘은 무자비한 세뇌 장치처럼 사람들을 조종하며 그들의 시야를 좁히고 사고의 폭을 제한한다.

최근의 이념 논쟁이 당혹스러운 이유는 1980년대 후반 유럽 공산주의가 붕괴되고, 곧 소련이 해체되면서 공산주의에 기반한 좌파에 대한 두려움이 전 세계적으로 사라졌음에도 불구하고 이념 전쟁이 부활하고 있기 때문이다. 사실 냉전이 끝난 후 미국에서 벌어진 이념 논쟁은 1994년의 '미국과의 계약'을 제외하고는 그렇게 심각하지 않았다. 2000년 조지 W. 부시는 보수주의 기치를 내세웠지만 이념 논쟁으로 미국을 양분하지는 않았다. 2008년 공화당 대선 후보였던 존 매케인과 2012년 후보였던 밋 롬니도 마찬가지였다. 그들은 명시적인 이념 논쟁을 조장하지 않는 온건한 보수주의자들이었다.

그러나 트럼프는 그간의 흐름을 완전히 뒤흔들었다. 1920년대와 1950년대의 이념적 대결 구도로 회귀했다. 이 점이 바로 앞서 언급한 3명의 공화당 대통령과 후보들이 트럼프를 지지하지 않거나 공개적으로 반대하는 이유 중 하나기도 하다.

세상은 갈수록 복잡해지고 다양성을 더해간다. 미국의 민주주의도 시대 변화에 따라 조금씩 그 빛깔을 달리해왔다. 민주주의의 근본은 바로 이 다양성에 있다. 복잡한 것은 복잡한 대로, 다양한 것은 다양한 대로 받아들여야 한다. 그럼에도 많은 이들이 복잡하고 다채로운 문제일수록 단순한 해답을 갈망한다. 트럼프는 이를 간파하고 자신의 정치적 이익을 위해 이념이라는 틀을 씌워 미국을 양극화의 수렁에 더욱 깊이 밀어넣었다.

건국 때부터 시작된
풀리지 않는 갈등, 지역주의

2024년 선거는 여전한 미국 내 지역주의의 뿌리를 선명하게 드러냈다. 경합주들이 승부의 향방을 결정지었다는 사실은 남부가 공화당의 요새로, 북부와 서부 해안이 민주당의 강력한 기반으로 견고하게 버티고 있다는 오래된 공식이 여전히 유효함을 말해준다. 비록 트럼프가 승리를 거두었음에도 이 결과는 미국이 극단적인 정체성과 소속감으로 깊이 갈라진 국가임을 다시 한번 입증한다.

남북 전쟁이 끝난 지 160년이 지났지만 지역적 긴장과 복잡한 정체성은 아직도 미국 사회 깊숙이 자리잡고 있다. 남부 연합은 전쟁에서 패했지만 남부인들의 내면에 깃든 감정은 쉽게 사그라들지 않았다. '단결된 남부'라는 기치 아래 남부 지역은 오랜 시간 하나로 뭉쳤고, 그 힘을 현대의 대통령 선거에서 더욱 강하게 드러냈다.

1948년 남부 백인 우월주의자들은 딕시크라트당*을 창당하며 노골적으로 인종 차별 정책을 지지했다. 이는 도널드 트럼프가 태어난 지 불과 2년 후, 그러니까 비교적 최근의 일이었다. 딕시크라트당은 남부 4개 주에서 많은 표를 얻었고, 20년 후 조지 월러스는 남부 5개 주를 장악하며 그 세력을 넓혔다. 1965년 민권법이 통과되자 남부 백인 우월주의자들의 분노는 극에 달하며 이후 지역 정서에 깊은 상처를 남겼다.

다시 160여 년 전으로 거슬러 올라가보자. 남북 전쟁 중인 1863년 링컨은 게티즈버그 연설에서 이 전쟁을 '자유와 평등에 헌신하는 국가의 지속 가능성을 시험하는 위대한 내전'이라고 정의했다. 그 숙명적 투쟁은 세월을 뛰어넘어 2024년 선거까지 이어졌다. 트럼프의 등장은 이 오래된 갈등에 기름을 부었고, 남부의 백인 우월주의자들은 남부 연합기를 흔들며 '미국을 다시 위대하게'라는 외침으로 자신들의 목소리를 더욱 거세게 드높였다.

민주주의는 전체주의가 아니기에 다양성을 존중해야 한다. 각 지역의 전통과 관습은 다양성의 중요한 부분이다. 이러한 점에서

• dixie+democrats. 민주당에서 남부 민주당원들이 탈당해서 만든 정당. 정식 명칭은 States' Rights Democratic Party, 한국어로는 주권민주당으로 번역된다. 널리 쓰이는 명칭으로는 멸칭인 '딕시크랫' 또는 '딕시크라트'다. 인종 차별 정책을 내세우는 후보들이 등장해 대통령 선거에 출마했다.

1863년 링컨 대통령의 게티즈버그 연설 장면을 그린 신문 사설.

지역주의에 기반한 민주주의를 부정적인 시각으로만 볼 필요는 없다. 주 정부와 연방 정부 또는 주 정부와 주 정부 간의 관계는 '견제와 균형'이라는 미국 헌법의 기본 원칙을 토대로 성립된 것이기 때문이다. 하지만 이것이 건전한 지역주의가 아닌 파괴적인 지역주의로 변질될 때 미국 민주주의는 심각한 시험대에 오르게 된다. 2024년 선거에서 트럼프가 조장한 증오와 불신이 미국 민주주의를 위태로운 시험대에 올려놓은 것처럼 말이다.

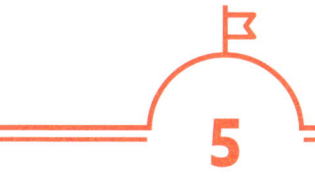

트럼프 1기를
어떻게 바라볼 것인가?

 트럼프의 첫 임기는 '미국 우선주의'라는 깃발 아래, 경제와 외교의 판을 뒤흔든 무대였다. 법인세를 깎아주면서 투자라는 미끼를 던졌지만, 그 밑에선 연방 적자라는 눈덩이가 몸집을 부풀렸고 소득 불평등이라는 그림자는 더욱 짙어졌다.

 무역 전쟁의 화살은 중국산 제품을 겨냥했으나 소비자의 지갑이 얇아졌고, 보호주의라는 이름 아래 노동·환경의 기준은 퇴보했다. 멕시코 국경의 장벽은 분열과 비난의 상징으로 자리잡았으며, 가족을 갈라놓은 이민 정책은 도덕적 논쟁의 불씨를 지폈다.

 그의 외교는 강경하고 독단적이었다. 방위비 인상 요구는 동맹국들의 인내심을 시험했고, 북한과의 정상 회담은 희망보다는 허망

함에 가까웠다. 이란 핵합의 탈퇴와 이스라엘 편들기는 중동의 균형을 깨뜨렸으며, 라틴 아메리카에서는 고립을 자초했다. 결국 동맹의 균열과 미국에 대한 신뢰 추락으로 이어졌다. 파리기후협약Paris Agreement과 세계보건기구WHO 탈퇴는 미국이 자처한 고립의 상징이었고, 세계 무대에서 빛나던 미국의 리더십은 바랬다.

부익부 빈익빈의 가속화, 무역 적자를 부른 경제 정책

첫 임기 동안 트럼프는 미국 경제 재편이라는 중대한 발걸음을 내딛었다. 그 핵심에는 1986년 이후 처음으로 대대적인 변화를 몰고 온 2017년 세제 감면 및 일자리법TCJA, Tax Cuts and Jobs Act이 있었다. 이 개혁으로 법인세율이 35%에서 21%로 떨어졌고, 표준 공제액과 자녀 세액 공제액이 일시적으로 증가했다.

이 정책은 경제 성장에 기여했지만 적자 규모는 1조 9천억 달러까지 늘어났다. 전문가들은 시간이 지날수록 소득 불평등이 악화될 수 있다고 우려했다. 세제 감면 및 일자리법의 대부분 조항이 2025년에 종료될 예정인 만큼 이 세제 개혁에 대해 평가를 내리기에는 아직 시기상조라고 할 수 있다. 경제 전문가들은 이 법이 단기적 성장에는 긍정적 영향을 미쳤으나 장기적으로는 소득 격차를 키울 위험성을 내포한다고 지적한다.

세제 감면 및 일자리법은 기업의 투자 촉진을 위한 정책이었고, 2018년부터 2021년까지의 국내총생산GDP 전망은 긍정적으로 보였다. 법인세와 개인 소득세의 변화 덕분이었다. 하지만 이 법안에 대한 정치적·대중적 의견은 분분했다. 비판론자들은 이 법이 부자들에게만 이익이 된다고 주장하며, 혜택의 83%가 상위 1%에게 돌아갔기 때문에 불평등을 심화시킬 것이라고 주장했다. 무엇보다도 이 정책이 연방 적자를 증가시킬 것이라고 경고했다.

한편 트럼프의 무역 정책은 관세와 무역 협정 재협상에 관한 정책이 대부분이었다. 2018년 그는 500억 달러 규모의 중국산 제품에 25%의 관세를 부과했다. 또 다른 10%는 2,000억 달러 규모의 제품에 부과했다. 그는 북미자유무역협정NAFTA, North American Free Trade Agreement을 재협상하여 미국-멕시코-캐나다 자유무역협정USMCA, United States-Mexico-Canada Agreement을 만들었다. 이 협정은 2020년 7월 1일부터 발효되었으며, 주 목표는 현대적이고 공정한 무역 규칙을 만드는 것이었다.

관세 정책의 성공 여부는 논란의 대상이다. 경제 전문가들은 대부분 관세가 도움이 되기보다는 해를 끼친다고 말한다. 소비자 가격은 상승했고, 트럼프의 첫 임기 동안 무역 적자는 증가했기 때문이다.

미국-멕시코-캐나다 자유무역협정의 정책은 다양한 반응을 불러일으켰다. 일부는 이 협정이 미국 제조업 부문에 긍정적인 영향을 미쳤다고 주장한다. 그들은 특히 자동차 산업에서 고용 증대와 함께 무역 불균형을 줄이는 데 도움이 되었다고 본다. 한편 이 협정이 노동권 보호와 환경 기준 측면에서 퇴보적이었다고 지적하는 비판도 만만치 않다. 또한 캐나다·멕시코와의 무역 관계를 복잡하게 만들었으며 일부 농업 분야에서는 불리한 조건을 초래했다는 비판도 크다.

트럼프 행정부의 재정 정책은 '감세와 더 많은 지출'을 의미했다. 정부는 경제 활동과 일자리 창출을 촉진하기 위한 수단으로 군사비 증가와 인프라 투자 계획을 제안하고, 외국 에너지에 대한 의존도를 줄이려고 국내에서 석유와 가스를 더 많이 생산하도록 했다.

2018년 국내총생산이 약 3%에 달했고 2020년 초 코로나19 대유행이 시작되기 전 실업률이 사상 최저치를 기록하는 등 임기 초기의 경제 상황은 호전되고 있었다. 하지만 팬데믹의 전례 없는 변수는 그의 경제 정책을 냉철하게 평가하는 데 걸림돌이 되었다.

지지자들은 코로나19 팬데믹이 없었다면 트럼프가 2020년 재선에 성공했을 것이라 믿으며 감세 정책과 규제 완화, 그리고 역사상 가장 낮은 실업률 기록 등 첫 임기 동안의 경제 성과를 긍정적으로 평가한다. 특히 제조업 부활과 국경 보안 강화와 같은 정책들이 '미국 우선주의'를 실현했다는 점에서 높은 점수를 준다. 반면 비판자들은 중국과의 무역 전쟁, 그의 관세 부과가 글로벌 공급망을 혼란에 빠뜨렸다고 비난한다.

'미국 우선주의'라는 원칙을 중심으로 미국 경제의 내부 역동성을 강화하는 것이 트럼프 1기 행정부의 경제 전략이었다. 세제 감면 및 일자리법 정책으로 인한 경제 성장, 미국에 유리한 무역 협정 개편에도 불구하고 '미국 우선주의'에 의한 민족주의적 접근 방식이 미국의 장기적 이익에 도움이 되는지에 대한 회의론은 끊이지 않는다.

분열과 갈등을 심화시킨
국내 정책

트럼프는 2015년 6월 출마 선언을 하면서 불법 이민 근절을 주요 공약으로 내세웠다. 당시 미국 사회는 불법 이민 문제와 일자리 감소, 의료 보험 사각지대 등 복합적인 사회적 불만이 가득찬 상태였다. 정부와 대통령에 대해 불신이 깊어지는 가운데, 트럼프의 강경한 공약은 많은 이들의 마음을 단숨에 사로잡았다.

취임 이후 트럼프는 이민 정책을 자신의 대통령 임기 중 가장 중요한 과제로 삼았다. 멕시코 국경에 거대한 장벽을 세우고, '무관용 원칙'을 엄격히 적용하는 정책을 펼쳤다. 불법으로 국경을 넘는 사람들은 예외 없이 즉각 기소되었으며 강경한 법적 처벌이 뒤따랐다. 그는 불법 이민 단속을 강화하기 위한 수차례의 행정 명령을 연이어 발표하며 강경 대응에 나섰다.

그러나 트럼프의 이민 정책은 국내외에서 광범위한 비판을 받았다. 인도주의적·정치적 논쟁을 촉발시켰고 심지어 공화당 내에서도 갈등을 일으켰다. 비판자들은 트럼프의 이민 정책을 비인도적이고 차별적이라고 비난했다. 또한 상당한 법적 문제와 반발을 야기했다.

특히 트럼프의 이민 정책 중 가장 논란이 된 것은 '가족 분리 정책'이었다. 2018년 텍사스 남부 국경에서 이민자 가족들이 강제로 분리되어, 어린아이들이 부모와 떨어진 채 임시 수용소에 갇히는 사태가 벌어졌다. 이 사건은 전 세계 언론의 집중 조명을 받으며 인도주의적 비난을 샀다.

캘리포니아는 이 정책이 주 정부의 난민 보호 조례와 충돌한다며 연방 정부를 상대로 소송을 제기했고, 뉴욕과 매사추세츠 등 여러 주도 연대해 트럼프의 행정 명령에 법적 제동을 걸었다. 텍사스와 애리조나는 국경 단속 강화에 적극적으로 협력했지만 이 과정에서 현지 커뮤니티와 이민자 단체들의 집단 반발이 일어났다. 이러한 갈등은 공화당 내에서도 찬성과 반대가 엇갈리며 당내 분열을 심화시켰다.

이민 정책 외에도 트럼프는 오바마케어의 폐지를 시도했지만 성공하지 못했다. 하지만 그는 오바마케어의 주요 강제 조항인 건강보험 미가입자에 대한 벌금 조항을 폐지하는 데는 성공했다. 또한 오바마 때 유예된 행정 명령인 다카DACA, Deferred Action for Childhood Arrivals*를 폐지하려 했지만 실패했다.

다카는 불법적으로 미국에 들어온 청소년들에게 추방 유예와 노동 허가를 부여하는 제도다. 트럼프 행정부는 다카 수혜자들을 오

오바마케어에 서명하는 오바마 대통령.

바마케어 가입 대상에서 제외하겠다고 발표했지만 공화당 내에서도 반발을 샀다. 애리조나와 캘리포니아 등 이민자 인구가 많은 주에서는 주 정부 차원에서 연방 정부를 상대로 소송을 제기했고, 이 소송들은 아직도 법정에서 진행 중이다. 오리건에서는 주 정부가 다카 수혜자들의 건강권 보호를 위해 별도의 프로그램을 마련하는 등 연방 정책에 대응하는 움직임이 활발했다.

- 2012년 오바마 행정부에 의해 도입되었으며, 약 80만 명의 미성년자가 등록되어 있었다. 다카에 등록되면 추방이 2년간 유예되는데 그동안 합법적으로 직업을 구할 수 있는 자격을 얻고는 했다. 2017년 트럼프 행정부에 의해 폐지되었으나 2021년 조 바이든 대통령이 취임 직후 다카를 강화하는 행정 명령에 서명했다.

이 같은 상황은 트럼프 행정부의 이민 정책이 단순한 행정 조치를 넘어 정치적·사회적 분열을 심화시키는 계기가 되었음을 시사한다. 결과적으로 트럼프의 반오바마케어 정책에도 불구하고, 오바마케어에 가입하는 인원은 오히려 증가했다. 2021년까지 약 2천 4백만 명이 넘는 인원이 보험 혜택을 받게 되었다. 이는 오바마케어의 지속적인 필요성을 강조하는 결과다.

트럼프 1기의 국내 개혁은 찬반 양론이 극명하게 갈린다. 비판자들은 가족 분리 정책과 지나치게 강경한 이민 단속 강화가 이민자 사회에 깊은 상처를 남겼다고 지적한다. 또한 그의 거친 언행과 갈등 조장적인 태도가 사회 분열을 심화시키는 데 크게 기여했다고 평가하는 목소리도 크다.

미국의 리더십에
의문을 품게 만든 외교 정책

2016년 대선에서 외교는 유권자들의 관심사에서 크게 벗어나 있었다. 이는 갑작스러운 현상이 아니라, 1992년 대선 이후 점차 고개를 든 미국 내 고립주의가 다시 힘을 얻은 결과였다.

외국인들은 트럼프의 독특하고 개인적인 외교 정책에 호기심을 보였지만 정작 미국인들은 그저 흥미롭게 바라볼 뿐 깊은 우려를 품지 않았다. 그의 외교 정책이 전통적인 틀에서 벗어났음에도 불구하고 미국 내에서는 별다른 문제로 비화되지도 않았다. 특히 경제 정책과 밀접하게 얽힌 그의 '미국 우선주의' 기조 아래, 미국의 이익을 노골적으로 앞세우는 태도에 대다수 국민이 큰 반감을 느끼지 않은 것이다.

트럼프의 접근 방식은 동맹국과의 관계에서 뚜렷하게 드러났다. 북대서양조약기구NATO와의 관계에서 그는 각 회원국들에게 '국내 총생산 대비 국방비 지출 2%'라는 목표를 달성하도록 압박했다. 이를 통해 그는 동맹국들이 군사적 자립성을 강화하고, 미국의 부담을 덜어주길 원했다. 또한 이러한 압박이 북대서양조약기구의 전반적인 방위력을 향상시킬 것이라 주장했다. 하지만 이러한 압박은 회원국들 간의 방위비 분담금 논의를 촉발시키며 미국에 대한 신뢰를 약화시켰다.

트럼프식 외교는 일본과 한국에도 명확히 적용되었다. 그는 일본과의 안보 조약을 언급하며, 일본이 현재 부담하는 연간 약 50억 달러 이상의 방위비를 크게 늘려야 한다고 주장했다. 한국에 대해서도 '이제는 부유한 나라'라며 방위비 분담금을 기존의 연간 약 9000억 원에서 1조 원 이상으로 인상할 것을 강하게 압박했다. 이 압박에 따라 트럼프 대통령 첫 임기인 2017년부터 2020년 사이에 한국의 방위비 분담금은 약 10% 이상 증가해 2020년에는 약 1조 387억 원에 이르렀다.

트럼프는 외교 현안을 직접 챙기는 스타일을 선호한다. 그중에서도 북한 김정은과의 정상 회담은 상징적인 사건이었다. 2018년

6월 싱가포르에서 열린 이 회담은 미국 대통령이 북한 지도자와 직접 마주한 첫 사례로 전 세계의 이목이 집중되었다. 비핵화에 관한 구체적이고 실행 가능한 합의에는 이르지 못했지만 당시 한반도의 긴장을 일시적으로 완화하는 효과는 있었다. 하지만 이 같은 접근법은 한국과 일본 정부에 큰 우려를 안겼으며, 결국 실질적인 외교 성과보다는 언론을 의식한 '쇼'라는 평가가 많았다. 트럼프의 임기가 끝난 이후 북한은 핵무기 개발과 미사일 시험을 계속하며 군사력을 꾸준히 확장해나갔다.

중동과 라틴 아메리카 국가들과의 외교에서도 트럼프는 전통적 방식 대신 일방적이고 개인적인 방식을 택했다. 이란 핵합의를 일방적으로 탈퇴하고, 경제 제재를 대폭 강화했다. 이 과정에서 전통적인 다자 외교 대신 이스라엘과의 밀접한 관계를 바탕으로 '평화 중동 계획'을 추진했고 이는 곧 팔레스타인과 주변 아랍 국가들의 반발을 불러일으켰다.

라틴 아메리카에서는 베네수엘라의 니콜라스 마두로 대통령을 강력히 비판하며 군사 개입 가능성을 시사하는 등 독단적인 태도를 보였다. 이로 인해 미국은 라틴 아메리카 지역의 여러 다자협의체에서 고립되는 결과를 낳았고, 브라질과 멕시코 등 주요 국가들과의 관계도 긴장 상태로 치달았다.

종합적으로 평가해보자면 트럼프 1기의 일방적 외교는 북대서양조약기구 동맹의 균열을 심화시키고, 주요 유럽 국가들이 미국의 리더십에 의문을 품게 만들었다. 아시아와 라틴 아메리카에서도 긴장을 불러일으켰으며, 파리기후협약과 세계보건기구 탈퇴는 미국에 대한 국제적 신뢰를 크게 훼손했다. 이로써 미국은 동맹과 글로벌 주도권을 크게 잃었다.

2장

민주주의의 위기인가, 새로운 전환점인가

건국 이래 엄격히 작동해온 '견제와 균형' 원칙

'견제와 균형'의 원칙은 미국 헌법의 뿌리 깊은 근간이다. 권력이 한 곳에 집중되는 것을 방지하기 위한 장치며, 단순한 법의 모음이 아니라 '건국의 아버지들'이 경험한 억압과 자유에 대한 열망의 산물이다. 그들은 영국 통치하의 쓰라린 경험을 바탕으로 새로운 국가의 틀을 구축했다. 또한 당시 유럽에서 확산되고 있던 계몽주의 사상은 미국 '건국의 아버지들'의 사상에도 깊이 뿌리내리고 있었다. 이러한 역사적 배경 속에서 미국 민주주의의 기초를 이루는 헌법은 '견제와 균형'의 틀 위에 세워졌다.

미국인들이 영국 식민 통치에 항의하면서 외쳤던 가장 중요한 구호는 자유liberty였다. 이 자유는 미국 식민지 주민들이 원했던 자치권 보장에 대한 열망에서 비롯되었다. 북아메리카 대륙의 13개 식민지는 영국 정부의 과도한 간섭을 받지 않고 자치권을 행사했다. 영국을 중심으로 유럽 곳곳에서 종교적 자유와 경제적 야망을 가지고 식민지에 정착한 사람들은 영국 정부의 도움이나 간섭 없이 스스로 설 수 있었고 영국 정부는 그들을 간섭할 이유가 없었다.

그러나 영국은 7년 전쟁(미국에서는 '프랑스와 인디언과의 전쟁'이라고 부른다)에서 프랑스를 물리치고 북아메리카 식민지 패권을 차지한 후 미국 식민지에 세금을 부과했다. 세금은 경제적 행위이자 정치적 행위다.

미국 식민지 주민들은 세금이 그들의 자치권과 자유를 침해하는 것이라고 생각했다. 식민지 주민들은 "대표자 없는 곳에 과세 없다 No taxation without representation"라고 주장하며 분노했다. 당시 영국 의회에는 식민지 주민들의 이익을 대변할 수 있는 대표자가 없었다. 따라서 그들은 자신들의 동의 없이 세금을 부과받는 일은 부당하다고 생각했고, 영국 정부의 세금은 결국 자유 liberty에 대한 억압이며 폭정의 상징이 되었다.

자유 freedom와 자유 liberty의 차이

미국 식민지 시대와 독립을 향한 소용돌이 속에서 'liberty'와 'freedom'이라는 단어는 비슷해 보이면서도, 그 결과와 무게에서 분명한 차이를 드러냈다. 두 단어 모두 자유를 뜻했지만 결은 서로 달랐다.

'freedom'이란 본래 외부의 구속이나 억압에서 벗어난, 가장 본능적이고 원초적인 자유를 가리킨다. 식민지 시절 미국인들에게 freedom은 새로운 세상에서 맛본 해방감, 그리고 노예 제도나 종교적 박해로부터 벗어났다는 상징이었다. 하지만 이 자유는 대개 '타인의 간섭 없이 살 권리'라는 다소 수동적이고 개인적인 의미에 머무르는 때가 많았다.

반면 'liberty'는 훨씬 더 사회적이고 정치적인 무게를 지녔다. liberty란 단순히 얽매임이 없는 상태를 넘어, 공동체가 합의한 법과 제도에 의해 적극적으로 보장받는 권리로써의 자유였다. 18세기 후반 영국의 무거운 세금과 일방적인 통치, 대표 없는 과세에 맞서 식민지 미국인들은 자신들의 권리가 침해당하고 있다는 사실을 자각하기 시작했다. 이때부터 그들이 입에 올린 건 freedom이 아니라, 정의롭고 정당한 liberty였다.

liberty는 한 개인의 자유에 머무르지 않았다. 공동체의 모든 구성원이 법과 제도를 통해 동등하게 누려야 할 보장된 권리였다. 식민지 미국인들은 자신들의 liberty가 짓밟히고 있다고 목소리를 높였고, 이 권리 회복의 외침이 훗날 미국이라는 나라의 뿌리가 되었다.

권력 남용을 막고
시민의 자유를 보장하는 헌법

'건국의 아버지들'은 존 로크의 《사회 계약론》과 몽테스키외의 《법의 정신》에 깊은 감명을 받았다. 로크에 따르면 인간은 생명, 자유, 재산과 같은 타인이나 국가에 의해 침해될 수 없는 권리를 창조주로부터 부여받았다. 개인은 자신의 자연권을 보호하기 위해 사회적 계약을 맺고 정부를 형성했기에, 만약 정부가 그 역할을 제대로 수행하지 못할 경우 정당한 방법으로 정부를 전복시킬 권리가 있다는 주장이다. 몽테스키외는 권력 남용을 방지하고 정치적 자유를 보장하기 위해 권력을 입법권, 사법권, 행정권으로 나누어 서로를 견제하고 균형을 이루어야 한다고 주장했다.

미국 헌법은 새로운 국가의 토대 위에 쌓아 올린 경험과 사유, 그리고 구세계에서 얻은 교훈을 치밀하게 녹여내어 탄생했다. 그 핵심에는 권력의 집중을 경계하고 권한을 분산시켜 서로를 감시하게 만드는 정교한 설계가 자리잡고 있다.

의회는 국민을 대신해 법을 만들고, 대통령은 그 법에 거부권을 행사할 수 있다. 사법부는 제정된 법이 헌법에 어긋나는지 여부를 심사하는 마지막 보루다. 각 기관은 독립적이면서도 서로 얽혀서, 어느 한 곳이 독주하지 못하도록 끊임없이 서로를 감시하고 평가한다. 각 기관이 균형을 맞출 수 있도록 설계된 것이다.

예컨대 대통령은 군대의 총사령관 자격을 가지지만 전쟁을 선포하거나 군사 예산을 승인할 수 있는 권한은 오롯이 의회에 부여되어 있다. 반대로 의회는 대통령이나 연방 공무원이 법을 어기거나 직무를 남용할 경우, 탄핵과 해임이라는 막강한 권한을 행사할 수 있다. 이러한 장치는 국민의 대표 기관인 의회가 권력을 가진 자들에게 책임을 물을 수 있도록 하여, 권력의 오용을 방지하고 자유와 법치의 원칙을 지켜내는 중요한 버팀목 역할을 한다.

미국의 역사는 '견제와 균형'이라는 원칙이 어떻게 자유를 보호하는지를 보여주는 살아 있는 증거다. '건국의 아버지들'이 남긴 이 유산은 단순한 법률 시스템의 일부가 아니라 자유를 위한 투쟁의 산물이며, 자유를 위한 투쟁은 오늘날까지도 계속되는 중이다.

피할 수 없는 싸움, 연방 정부 v. 주 정부

미국은 시작부터 13개의 식민지 정부가 모여 하나로 연합해 세워진 국가다. 이는 미국 민주주의의 근원을 이해하는 데 매우 중요하다. 연방 정부와 주 정부 간 권력의 줄다리기는 피할 수 없는 숙명이었다. 연방주의와 주권주의라는 상반된 철학은 헌법 제정부터 남북 전쟁에 이르기까지 미국 정치의 흐름을 결정지었다. 이 갈등은 오늘날까지 미국 민주주의의 독특한 특징으로 남아 있다.

1787년 헌법 제정 회의에서 이 논쟁은 본격적으로 시작되었다. 연방 정부와 주 정부 사이의 권력 분배에 대한 의견은 분분했다. 연방주의자들은 강력한 중앙 정부의 존재가 질서를 유지하고, 방위를 제공하며, 주 간 상거래를 규제하는 데 필수적이라고 주장했다. 반면 반연방주의자들은 주권이 우선되어야 한다고 보았다. 그들에게 강력한 중앙 정부는 영국의 억압적인 통치를 떠올리게 했다. 개인의 자유를 보호하고 지방의 요구를 반영하는 데는 주의 권리가 중요했다.

헌법은 이러한 상충되는 견해들을 조율하기 위한 타협안이었다. 연방 정부에 권한을 부여하면서도 주에 남겨진 권한이 있었다. 하지만 개인의 자유에 대한 명시적 보호가 없었기에 반연방주의자들은 불안해했고, 그 결과 권리 장전이 채택되었다. 수정 헌법 제1조부터 제10조로 구성된 권리 장전은 종교의 자유, 언론 및 출판의 자유, 무기 소지의 자유, 부당한 수색과 체포 금지의 자유 등 기본적인 권리를 포함한다. 주권은 수정 헌법 제10조에 보장되었다. 연방 정부에 위임되지 않은 권한은 주 또는 주에 속한 국민에게 귀속되었다.

미국 연방의 초창기, 연방주의와 주권을 둘러싼 긴장은 몇몇 굵직한 사건을 통해 더욱 선명하게 드러났다. 1798년 제정된 외국인 및 반역법은 연방주의자들의 의도가 짙게 반영된 법이었다. 이 법은 대통령에게 적대국 출신의 이민자들을 체포하거나 추방할 권한을 부여했으며 연방 정부에 대한 비판까지도 억제했다. 이에 맞서 반연방주의자들은 주 정부가 위헌적인 연방법을 거부할 수 있다고 목소리를 높였다. 그 결과 탄생한 것이 버지니아와 켄터키 결의안이었다. 이 결의안은 주 정부가 연방법 위에 설 수 있다는 선례를 남기며 미국 정치사에 깊은 파장을 남겼다.

1830년대에 들어서면서 연방 관세법을 둘러싼 갈등이 다시금 연방과 주 정부 사이를 뒤흔들었다. 사우스캐롤라이나는 연방이 부과한 관세가 부당하다며 이를 무효화한다고 선언하면서 주 정부에는 헌법을 벗어난 연방법을 거부할 권리가 있다고 주장했다. 이에 맞서 앤드루 잭슨 대통령은 연방법의 우위를 고수하며 군사적 개입까지 경고했다. 1833년 타협 관세법이라는 절충안으로 일단 위기는 봉합됐지만 이 사건은 주권을 둘러싼 미국의 균열이 얼마나 깊은지를 다시 한번 각인시켰다.

연방주의와 주권주의 사이의 투쟁은 결국 남북 전쟁이라는 비극으로 이어졌다. 남부 주들은 연방 정부가 주법에 간섭할 권한이 없다고 주장하며 노예 제도를 유지할 수 있는 권리가 있다고 주장했다. 1860년 노예 해방을 공약으로 내세운 링컨이 대통령으로 당선되자 남부 주들은 연방에서 탈퇴했다. 헌법상으로 보면 남북 전쟁은 연방의 본질과 연방 정부-주 정부 간의 권력 균형에 대한 싸움이었다.

남북 전쟁의 종결은 연방주의와 주권주의를 둘러싼 오랜 논쟁에 마침표를 찍는 결정적인 분수령이 되었다. 연방의 승리는 중앙 정부의 우위를 확고히 하며 한층 더 집중된 국가 권력의 토대를 다졌다. 이어진 수정 헌법 제13조, 제14조, 제15조는 노예 제도의 폐지와 시민권, 그리고 투표권을 헌법으로 보장하는 역사적 전환을 이끌었다. 그럼에도 주 정부들은 여전히 고유의 권한을 놓지 않았고, 해방된 흑인들은 법적 보호에도 불구하고 현실에서는 여전히 차별과 억압에 시달렸다. 연방 정부와 주 정부 사이의 긴장은 완전히 해소되지 못한 채 이후 미국 역사의 여러 국면에서 다양한 모습으로 재현되었다.

미국 정치계의 견고한 두 첨탑,
양당 제도

건국 초기 '건국의 아버지들'은 정당의 등장을 예견하지 못했다. 그들은 공화국을 설계하면서 파벌 없는 이상적인 정치 질서를 꿈꿨지만 독립과 동시에 각계각층의 이해관계가 뚜렷이 드러나며 헌법에 명시되지 않은 새로운 정치적 흐름이 자연스레 형성되었다.

미국은 곧 연방주의자와 반연방주의자, 다시 말해 중앙 정부의 권위를 중시하는 이들과 주 정부의 자율성을 옹호하는 이들로 나뉘기 시작했다. 이들의 갈등은 미국의 초대 대통령 조지 워싱턴 재임 시기, 경제와 외교라는 두 축을 타고 점차 뚜렷해졌다.

연방주의당은 알렉산더 해밀턴의 지도 아래 1790년대에 본격적으로 모습을 드러냈다. 그들은 강력한 중앙 정부로 질서와 안정을 이루려 했고, 헌법의 해석은 유연해야 한다고 주장했다. 상업과 금융에 대한 해밀턴의 원대한 구상은 북동부 도시와 상업 중심지에서 지지를 받았다. 이에 맞서 토머스 제퍼슨과 제임스 매디슨이 이끄는 민주공화당은 주권의 우위와 엄격한 헌법 해석을 내세웠다. 그들은 권력이 중앙에 집중되는 것을 경계했고 농경 사회의 미덕을 옹호하며 남부의 농촌과 서부의 개척지에서 공명을 얻었다.

두 정당의 이념적 대립은 국립 은행 설립 논쟁에서 극명하게 드러났다. 해밀턴의 은행 설립 제안은 제퍼슨의 강한 반대에 부딪혔다. 제퍼슨은 헌법에 명시되지 않은 국립 은행의 설립이 중앙 정부의 권한을 과도하게 확장시키고 주권을 훼손할 것이라 우려했다. 이 논쟁은 두 진영의 골을 더욱 깊게 만들었다.

외교 정책 역시 또 다른 갈등을 낳았다. 프랑스와 영국 사이에서 연방주의당은 영국과의 유대를, 민주공화당은 프랑스와의 연대를 추구했다. 프랑스 혁명을 바라보는 시각도 달랐다. 연방주의당은 프랑스 혁명이 불안과 혼란을 초래할 것이라며 경계했고, 민주공화당은 미국 혁명의 이상을 계승하는 움직임으로 보며 환영했다.

1800년 토머스 제퍼슨의 당선은 민주공화당이 정권을 잡는 전환점이 되었고, 미국 정치사에 평화로운 정권 교체의 가능성을 최초로 보여주었다. 제퍼슨의 승리는 남부 주들의 결집 덕분이었고 이는 곧 미국 정당 정치가 지역적 이해관계에 뿌리를 두고 있음을 가시화했다. 이후 이 선거는 '무혈 혁명'이라고 불리며 역사에 기록되었으나 동시에 남북의 지역 구도를 더욱 심화시키는 결과를 낳았다.

이후 연방주의당은 시대의 변화에 적응하지 못한 채 점차 쇠퇴의 길을 걸었다. 민주공화당 내부에서도 분열이 일어나 1820~1830년대에는 잭슨 민주당*과 휘그당**이 새롭게 등장했다. 앤드루 잭슨의

-   * 1828년 앤드루 잭슨 대통령의 지지자들을 중심으로 창당되었다. 각 주의 독립성을 중요시했고 노예 제도를 지지했으며 '잭슨식 민주주의'를 통해 인디언 학살, 여성에 대한 남성의 권리 등을 옹호했다.
- ** 현재 공화당의 전신. 앤드루 잭슨이 대통령에 당선된 이후 반잭슨파가 민주공화당을 탈당하며 연방주의당 지지자, 민주공화당 내부의 보수주의자를 모아 창당했다.

민주당은 포퓰리즘을, 휘그당은 경제 발전 과정에서 정부의 적극적 역할을 강조했다. 정당의 이름은 바뀌었지만 두 정당이 맞서는 구조와 지역적 기반의 정당 체제는 흔들리지 않았다. 결국 1860년, 신생 공화당의 후보 에이브러햄 링컨이 대통령에 당선되면서 미국은 공화당과 민주당이라는 양당 구도가 시작되었다. 이후 양당은 수차례 이념과 지지층의 변화를 겪으며 오늘날의 공화당과 민주당 체제로 이어져 내려왔다.

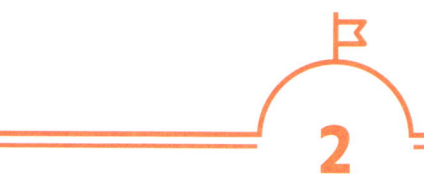

'트럼프의 공화당'으로 추락한 링컨의 공화당

    1854년 노예 제도를 둘러싼 남북의 갈등이 폭발하면서 공화당이 등장하며 미국의 양당 체제가 재편되었다. 남부는 노예 제도를 자신들의 경제와 문화 정체성의 핵심으로 지키려 했고, 북부는 산업화와 도시화 속에서 노예 제도의 확산을 막으려 했다. 공화당은 노예 제도 폐지와 서부 개척지의 자유를 외쳤다. 그리고 1860년 초대 공화당 후보, 링컨이 대통령에 당선되자 남북 전쟁이 터졌다.

    전쟁이 끝난 뒤 공화당은 해방 노예 통합과 남부 재건이라는 거대한 숙제를 안았다. 산업화가 빠르게 진행되면서 공화당은 경제 성장에만 몰두했고 빈부 격차는 커졌다. 20세기 초 혁신주의 운동과의 충돌로 분열이 일어나고, 1912년에는 시어도어 루스벨트까지

당을 떠났다. 대공황이 닥치며 자유방임주의는 무너지고, 뉴딜 정책에 맞선 공화당은 힘을 잃었다. 하지만 그 정책이 남부 백인 우월주의자들의 불만을 키우면서 남부 백인들은 민주당에서 공화당으로 이동하기 시작했다.

공화당은 2차 세계 대전 후 경제 번영과 강한 국방으로 다시 힘을 얻었고, 1960년대 민권 운동을 계기로 남부 백인 보수층이 공화당으로 대거 이동하자 '남부 전략Southern strategy'을 펼쳤다. 레이건 시대, 공화당은 남부 백인들의 절대적 지지를 받으며 보수주의 전성기를 맞았다. 하지만 1992년 클린턴의 등장으로 흔들리다가 뉴트 깅리치와 보수주의자들의 반격으로 2000년 부시가 당선됐다. 9·11 테러와 이라크 전쟁이 국민 불만을 키우고, 2008년 오바마 시대가 열리자 보수층은 반발했다. 그리고 2016년 트럼프가 '미국 우선주의'를 내세워 전통 공화당을 뒤흔들었다.

공화당은 이렇게, 남부 백인 보수주의자들을 중심으로 시대의 변화와 충돌 속에 끊임없이 모습을 바꾸며 미국 정치의 거대한 한 축으로 자리잡았다.

공화당 창당의 역사와
링컨의 당선

1854년 미국의 양당 정치 지형에 새로운 바람이 불었다. 노예 제도를 둘러싼 긴장 속에서 공화당이 태어났다. 남부와 북부는 여전히 서로 등을 돌린 채 날카롭게 대치하고 있었다. 과거의 정당들은 변화를 받아들이지 못하고 흔들리는 중이었다.

기존의 민주공화당을 어어받은 민주당은 7대 대통령 앤드루 잭슨의 지도 아래 그 세력을 확장했지만 휘그당은 그 반대편에서 새로운 길을 모색하고 있었다. 휘그당은 기존의 연방주의당의 지지 세력을 흡수했지만 노예 제도에 명확한 입장을 취하지 못해 북부 내에서 입지가 흔들리고 있었다.

노예 제도는 사회의 제도적 틀을 넘어, 미국이라는 국가의 정체성과 미래를 가르는 거대한 균열이었다. 남부의 들판에는 끝없이 펼쳐진 면화밭이 있었다. 수십만 명의 노예들이 새벽부터 해질녘까지 땅을 일구고 면화를 따며 하루하루를 버텼다.

노예 소유자인 플랜터 계급은 그들의 부와 위신, 지역 사회의 질서가 노예 제도에 달려 있다고 믿었다. 노예 제도는 경제적 필요 이상의 의미로, 남부 백인들의 문화적 자부심이자 사회적 정체성의 핵심으로 자리잡았다. 노예 제도 옹호론자들은 흑인을 열등한 존재로 규정하며 노예 제도가 신의 뜻이자 남부 사회의 자연스러운 질서라고 주장했다.

반면 북부는 산업 혁명 이후 공장과 철도가 빠르게 늘어나며 도시화와 경제적 역동성을 경험하는 중이었다. 사실 북부의 다수는 노예 제도에 도덕적 불편함을 느꼈지만 모두가 노예 제도를 폐지하자고 한목소리를 낸 것은 아니었다. 산업 자본가와 상인들 중 일부는 남부와 경제적 이해관계가 얽혀 있었기 때문에 노예 제도에 모호한 입장을 취했다. 하지만 노예 제도가 서부로 확장될 위험이 커지면서 점차 '노예 제도 없는 자유 토지'를 지키려는 목소리가 북부 사회를 관통하기 시작했다.

1854년 갈등과 긴장 속에서 새로운 정치 세력이 등장했다. 노예 제도 확장에 반대하는 휘그당 해체파, 급진적 폐지론자, 자유토지당* 지지자들이 모여 공화당을 창당했다. 그들은 "자유로운 노동, 자유로운 토지, 자유로운 인간"이라는 슬로건 아래 결집했다. 공화당은 노예 제도 폐지뿐 아니라 자유로운 백인 노동자들이 서부로 이주해 새로운 삶을 개척할 권리를 보호하겠다고 약속했다. 그들의 주장은 단순한 도덕적 선언이 아닌 미국의 경제적 발전과 민주적 질서, 그리고 국가의 미래를 둘러싼 치열한 정치적 실천이었다.

마침내 1860년, 초대 공화당 대통령 후보로 나선 에이브러햄 링컨이 당선되었다. 그의 당선은 운명의 칼날처럼 미국을 두 동강냈다. 남부는 즉시 링컨의 승리에 반발했고 그들의 불만은 곧 전쟁의 불씨로 번졌다. 남북 전쟁은 잔인했다. 형제는 형제를 적으로 돌리고 땅은 피로 물들었다. 가족들은 남과 북으로 갈라져 서로 칼끝을 겨눴다. 링컨 대통령의 두 처남조차 남부 연합군에 몸을 담아 링컨

• 마틴 밴 뷰런 대통령의 주도로 1848년 창당. 서부 개척지에 노예 제도가 확산되는 것을 반대했으며, 노예에서 해방된 자유민들이 토지를 자유롭게 영유해야 한다고 주장했다. 1854년 공화당에 흡수되었다.

공화당의 창당과 링컨의 대통령 후보 포스터.

과 싸웠다. 육군사관학교 동기들이 전쟁터에서 서로를 적으로 맞닥뜨린 장면은 냉혹한 전장을 적나라하게 드러냈다. 무려 60만 명이나 사망했다. 당시 전쟁에 참가한 병사 4명 중 1명꼴로 목숨을 잃었다. 그만큼 치열하고 참혹한 전쟁이었다.

링컨은 연방의 유지를 위해 싸웠고 노예 해방을 향한 길을 열었다. 1863년의 노예 해방 선언은 전쟁의 목표를 완전히 뒤바꿨다. 이제 이 전쟁은 그저 영토나 권력의 싸움이 아닌 인간의 존엄성을 위한 투쟁이 되었다.

변화의 갈림길에 놓인 공화당

전쟁이 끝나고 승리의 여운도 잠시, 공화당은 새로운 도전에 직면했다. 연방에서 탈퇴한 남부 주들을 다시 연방의 일원으로 받아들이고, 전쟁으로 폐허가 된 남부를 재건해야 하는 무거운 짐을 짊어진 것이다. 게다가 그들은 남부를 다시 세우고 해방 노예들을 사회의 일원으로 통합해야 했다.

그러나 현실은 냉혹했다. 남부의 주들은 변화를 용납하지 않았고 저항했다. 제13조, 제14조, 제15조 수정 헌법이 통과되면서 흑인들도 미국 시민의 일원으로 평등한 권리를 부여받았지만 그 내용이 실제로 일상에 뿌리내리기까지는 수많은 난관이 있었다. 남부의 민주당은 짐 크로우 법•을 통과시켜 '분리되었으나 평등하다'라는 원칙을 내세워 해방 노예들이 미국 시민으로 동등한 권리를 행사하지 못하도록 막았다. 게다가 쿠 클럭스 클랜^{KKK, Ku Klux Klan}과 같은 급진 백인우월주의자들의 만행이 일상화되면서 흑인들은 공포 속에 살아야 했다. 이러한 움직임은 진정한 통합과 재건을 이루려는 공화당의 노력을 무색하게 만들었다.

산업화가 급속도로 진행되면서 공화당은 점차 시민권에서 경제

- 1876년~1965년 남부에서 시행된 인종 분리법. 식당, 화장실, 극장, 버스 등 공공장소에서 백인과 흑인을 포함한 유색 인종의 분리와 차별을 핵심으로 한다. 1954년 연방 대법원이 '공립 학교에서 불평등한 인종 분리 교육은 위헌'이라고 판결을 내릴 때까지 시행되었다.

성장과 산업화로 관심을 옮겨갔다. 자본주의의 물결은 거세게 몰아쳤다. J.P. 모건, 앤드루 카네기, 존 D. 록펠러와 같은 산업 자본가들이 그 중심에 있었다. 그들의 영향력은 공화당의 정치적 방향성을 바꾸었고 당의 기조는 점차 대기업과 산업 자본가들의 이익에 맞춰 조정되었다. 기술의 발전과 함께 전례 없는 경제 성장을 이뤘지만 사회 갈등이 커지고 빈부 간의 격차도 크게 벌어졌다.

20세기 초 혁신주의 물결이 일었다. 혁신주의 운동은 산업화가 낳은 불평등과 부조리를 해결하기 위한 사회 및 정치 개혁 운동이었다. 이는 유럽의 급진적 사회주의나 공산주의와는 달리 기존의 미국 자본주의 체제를 유지한 채 미국 사회를 진보 progress 시켜야 한다는 운동이다.

물론 미국의 남부는 여전히 농업 중심적인 산업 기반에 의지하고 있었고, 노예 해방에 불만이 가득했기에 민주당의 거점은 남부였다. 공화당 내에서도 변화의 목소리가 높아졌다. 시어도어 루스벨트와 같은 인물들은 트러스트 파기*, 노동권 보장, 환경 보전의 중요성을 외쳤다. 하지만 이러한 개혁 노력은 공화당의 전통적인 친기업적 입장과 충돌하며 내부 분열을 초래했다. 1912년 대통령 선

• 트러스트는 19세기 말~20세기 초 미국에서 거대 기업들이 시장 지배력을 키우기 위해 여러 회사를 합병해 만든 독점적 기업 집단을 뜻한다. 이 트러스트들은 경쟁을 억제하고 가격을 조작하며 소비자와 노동자들을 착취하는 경우가 많았다. '트러스트 파기'는 독점 기업을 해체하거나 규제해서 경제적 불평등과 부당한 힘 집중을 막으려는 개혁 운동이었다.

거에서는 루스벨트가 공화당 후보 지명에서 낙선한 이후 혁신당Progressive Party을 창당하며 당을 떠났고, 이로 인해 공화당은 약화되었다. 그리고 공화당의 분열로 민주당 우드로 윌슨이 대통령에 당선되었다.

경제 대공황을 맞이한 공화당의 변화

1930년대 경제 대공황은 공화당에게 새로운 전환점이 되었다. 경제의 붕괴는 자유방임주의 철학을 산산조각냈고, 정부의 개입에 대한 요구가 점점 더 커져갔다. 프랭클린 D. 루스벨트의 뉴딜 정책은 연방 정부의 역할을 새롭게 정의했다. 허버트 후버와 같은 공화당 지도자들은 뉴딜 정책의 확장에 반대하며 제한된 정부와 개인의 책임을 강조했지만 뉴딜 정책은 대중적 지지를 받았고, 경제 위기를 해결하는 데 필수적이라 여겨졌기에 공화당의 입지는 더욱 줄어들었다.

그런데 뉴딜 정책이 남부 민주당 진영에 균열을 일으키기 시작했다. 루스벨트 대통령이 흑인, 노동자, 이민자에게 우호적인 정책을 펼치면서 남부의 전통적 백인 우월주의자들의 심기를 불편하게 만든 것이다. 이에 남부의 백인 유권자들은 민주당을 떠나 공화당으로 발길을 돌렸다.

2차 세계 대전 이후 공화당은 사회와 정치 면에서 큰 변화를 맞이했다. 경제적 번영과 강력한 국방을 약속하며 다시 힘을 얻었고, 드와이트 D. 아이젠하워 대통령은 재정적 보수주의와 사회적 책임을 조화롭게 추구했다. 하지만 1950년대와 1960년대의 민권 운동은 공화당에 새로운 도전을 던졌다.

1964년 린든 존슨 대통령이 민권법에 서명하며 민주당이 민권 정당으로 자리를 잡자, 남부 백인 보수층은 본격적으로 민주당을 떠나 공화당으로 대거 이동했다. 남북 전쟁 이후 전통적으로 민주당을 지지하던 남부 백인들이 공화당을 선택하면서 공화당은 남부 백인들의 정당으로 변모하게 된 것이다.

이러한 흐름 속에서 공화당은 '남부 전략'을 채택하며 남부 백인 유권자들의 불만을 해소하려 했다. 이 전략은 인종적 긴장과 민권 운동에 대한 반감을 이용했다. 1968년 리처드 닉슨이 대통령으로 당선되면서 공화당은 '남부 전략'에 의한 보수화를 가속했다.

1980년 로널드 레이건은 강력한 보수주의 가치를 내세워 남부 백인 유권자들의 절대적인 지지를 얻어냈다. 그의 "미국을 다시 위대하게 만듭시다Let's Make America Great Again"라는 구호는 남부의 애국심과 기독교적 가치관을 자극했다. 제리 팔웰 목사가 이끄는 단체인 '도덕적 다수Moral Majority'는 레이건 당선의 주역이었다. 1980년대 미국 보수주의자들은 새로운 전성기를 맞이했다.

그러나 공화당의 전성기는 1992년 선거에서 막을 내렸다. 냉전이 종식되며 민주당의 빌 클린턴이 대통령에 당선되자 공화당은 흔들리기 시작했다. 클린턴은 중도적 입장에서 정책을 펼쳤지만 공

로널드 레이건의 슬로건이 적힌 뱃지.

화당 보수주의자들은 진보주의자들에 의해 미국의 힘과 가치가 무너지고 있다고 보았다. 하원의장 뉴트 깅리치는 '미국과의 계약'을 내걸고 모든 영역에서 보수적 가치를 드높이는 운동을 전개했다. '도덕적 다수'는 적극 동참했고, 교육계에서는 '교과서 다시 쓰기' 운동을 펼치며 보수주의 교육을 강화하려고 했다.

보수주의자들의 노력 덕에 2000년 대선에서 공화당의 조지 W. 부시가 당선되었다. 하지만 9·11 테러가 발발하고, 그 여파로 이라크 전쟁이 시작되었다. 전쟁이 장기화되자 국민들은 불만을 토로했다. 공화당 내에서도 다양한 사회적 이슈에 대한 불만의 목소리가 터져 나왔다. 결국 2008년 흑인 대통령 버락 오바마가 탄생했고, 2012년 재선에도 성공했다. 보수주의자들은 미국의 진보적 흐름과 이를 막지 못한 공화당 엘리트들에 대한 불만으로 들끓었다.

이러한 불만을 토대로 2016년 도널드 트럼프가 대통령에 당선되었다. 비전통적 공화당원인 트럼프는 '미국 우선주의'와 '미국을 다시 위대하게'라는 슬로건으로 보수주의자들을 결집시켰다.

이렇듯 링컨의 공화당은 어느새 트럼프의 공화당으로 변모했다. 공화당의 궤적은 미국 정치의 생생한 역동성을 그대로 드러낸다. 노예 제도 폐지라는 정의의 깃발 아래 출발한 이 정당은 한 세기 반이 넘는 시간 동안 수많은 격랑을 지나며 지금의 모습에 이르렀다. 그 변화의 흐름에는 산업화와 대공황, 민권 운동과 냉전, 21세기 새로운 정치적 양극화까지 미국 사회를 뒤흔든 거대한 힘들이 복잡하게 얽혀 있었다.

공화당의 정체성 역시 이러한 변화와 충돌, 타협 속에서 끊임없이 재구성되었다. 그 중심에는 언제나 남부의 백인 보수주의자들이 있었다. 이들은 시대마다 새로운 이념과 정책을 받아들이거나 때로는 거부하며 당의 방향을 결정짓는 핵심축이 되어왔다. 결국 공화당의 역사는 미국 사회 전체를 관통하는 가치와 갈등의 투영이자, 변화와 적응의 산물이었던 셈이다.

3

뉴딜 정책과
새로운 민주주의

　미국은 유리한 조건과 자유를 찾아 몰려든 이민자들이 모여 새로운 운명을 개척한 땅이었다. 19세기 말까지는 자유방임주의 경제 원칙 즉, 정부 간섭을 최소화한 채 시장이 스스로 성장하도록 내버려두는 방식이 주류였다. 덕분에 미국의 산업화는 눈부시게, 빠르게 진행되었다. 하지만 그 뒤에는 숨겨진 그림자가 있었다. 부가 극소수에게만 몰리고, 노동자들은 열악한 환경에서 착취당했으며, 빈부 격차는 사회 갈등으로 치달았다.

　1929년 경제 대공황의 발발은 이 모든 문제가 폭발한 순간이었다. 이후 루스벨트의 뉴딜 정책이 강력한 정부 개입과 복지 확대를 통해 미국 경제의 뼈대를 흔들었고, 사회 보장법이 만들어지며 현대 복지국가의 초석이 놓였다. 그럼에도 불구하고, 이러한 변화는 일시적이었다. 1980년대 레이건 대통령이 등장하며 다시 정부의 손길을 거둬내고, 작은 정부와 자유시장 원칙을 부활시켰다. 규제 완화와 감세, 그리고 자유무역이 다시 미국 경제의 중심이 되었지만 2016년 트럼프가 '미국 우선주의'와 보호무역주의를 들고 나오면서 이 전통마저 흔들렸다.

미국 경제의 뿌리 깊은 자유방임주의와 개입주의 사이 긴장은 끝없이 반복되며, 그때마다 사회와 시장 모두를 뒤흔드는 변화를 낳았다. 지금도 이 혼란 속에서 미국은 자신만의 길을 찾으려 몸부림치고 있다.

건국과 함께 시작된
자유방임주의 전통

머나먼 유럽 땅에서 사람들은 자유를 찾아 미국으로 향했다. 처음에는 종교적 자유를 위해 찾았지만 점차 그들은 경제적 꿈을 향해 발을 내딛었다. 그들이 찾은 자유는 바로, 새로운 땅에서 새로운 운명을 스스로 개척하는 자유였다. 국가나 정부의 손길은 단지 보조적인 것일 뿐이었다.

미국 연방이 세워질 무렵 자유방임주의는 서구 경제학에 신선한 바람을 불어넣었다. 자유롭게 성장하던 미국 경제에 이 새로운 사상은 자신감을 심어주었다. "그대로 두자"라는 뜻의 프랑스어 레세

페르laissez-faire가 담고 있는 뜻처럼 자유방임주의에 의해 시장은 간섭 없이 스스로의 길을 찾아 나아갔다. 경제의 자연스러운 흐름을 믿으며 수요와 공급의 조화 속에서 자유로운 시장이 만들어졌다. 아담 스미스는 '보이지 않는 손'이라는 개념으로 이 체제를 설명했고, 존 스튜어트 밀은 자유무역이 경제적 효율성을 높인다고 주장했다.

남북 전쟁 이후 자유방임주의는 더욱 강력해졌다. 경제는 눈부시게 성장했고 기술은 혁신을 거듭했다. 19세기 말 '금빛 시대Gilded Age'라는 이름이 붙을 만큼 경제는 찬란히 빛났다. 이 모든 것을 가능하게 만든 것은 자유방임주의라는 원칙이었고, 그 중심에는 정부가 아닌 산업 자본가들이 있었다. 미국은 대통령이나 정치인이 지배하는 것이 아니라 왕이 지배했다. 철강왕 앤드루 카네기, 석유왕 존 D. 록펠러, 금융왕 J. P. 모건 등 산업 제왕들이 미국을 움직였다.

대륙 전체가 철도로 연결되었고, 공장의 굴뚝에서는 연기가 끊임없이 피어올랐다. 수많은 이민자들이 미국 땅에 도착했고 노동력은 넘쳐났다. 무엇보다도 아메리칸 드림은 자유방임주의라는 성벽을 더욱 단단하게 만들었다.

그러나 급속한 산업화의 그늘에는 심각한 사회적 문제가 숨어 있었다. 도시화, 빈부 격차, 노동권 문제들이 부각되었다. 1890년대에는 인민당people's Party*이 등장해 산업화로부터 소외된 농민과 노동자들의 마음을 얻기도 했다. 20세기에 들어서 혁신주의가 자유방임주의의 원칙을 수정하려 했지만 체제를 근본적으로 바꾸지 못하고 필요한 부분에 약간의 변화를 주는 정도에 그쳤다.

자유방임주의는 여전히 미국의 견고한 가치였다. 1차 세계 대전 이후 잠시 경제적 번영을 맞이했지만 전후 세계적인 경제 침체로 미국 경제는 흔들리기 시작했다. 대부분의 미국인들은 이 위기가 일시적이라 믿었다. 언제나 그랬듯이 '보이지 않는 손'을 믿고 '그대로 두면' 경제는 다시 회복될 것이라는 확신이 깔려 있었다. 누구도 상상하지 못한 파국이 다가오고 있다는 사실을 눈치채지 못했다.

진보-민주주의의 대들보, 뉴딜 정책

1929년 10월 29일, 뉴욕 주식 시장의 붕괴는 마치 거대한 파도처럼 미국의 자본 시장을 덮쳤다. '검은 화요일'이라 불리던 그날, 사람들은 눈앞에서 사라지는 수익과 함께 자신들의 미래가 흔들리는 것을 목격했다. 거리는 침묵에 잠겼고 한때 번성했던 금융의 심장은 더 이상 뛰지 않았다. 1차 세계 대전 직후 미국은 잠시 역사상 최대의 호황기를 맞아 흥청망청의 시대를 맞았다. 하지만 탐욕과 불안정성 그리고 취약한 경제

- 1887년 창당되어 1908년에 해산되었다. 주로 농민과 노동자, 특히 서부와 남부의 소규모 농민들을 대표하며 급진적 경제 개혁을 요구한 진보적이고 반엘리트적·반독점적 성격이 강한 정당이다.

구조가 결합되어 미국 경제는 곧 마비되었다. 자본주의와 민주주의가 서로 얽히고설킨 미국에서, 자본주의의 몰락은 곧 민주주의의 몰락을 의미했다.

1921년부터 12년간 이어진 공화당의 통치는 철저한 자유방임주의의 기치 아래 진행되었다. 자유방임주의자들은 변화를 거부했다. 그들은 '그대로 내버려두면' 경제적 불황으로부터 저절로 탈출할 것이라고 믿었다.

경제가 바닥을 치는 상황에서도 허버트 후버 대통령은 자유방임주의의 원칙을 굳게 믿었다. 후버는 미국의 경제가 다시 일어서려면 국내 농업과 제조업을 활성화해야 한다고 믿었다. 관세의 벽을 세웠고, 그 벽은 미국을 세계로부터 고립시켰다. 1930년 스무트-홀리 관세법은 수입품에 약 60%라는 높은 관세를 부과했다. 자유무역의 길이 막혔고, 여러 나라가 미국 제품에 보복 관세를 부과하면서 무역 전쟁이 촉발되었다. 미국의 수출은 급감했고, 대공황의 어둠은 더욱 짙어졌다. 실업률은 25%에 달했고, 미국은 더욱 깊은 수렁으로 빠져들고 말았다.

그러나 어둠 속에서 새로운 희망이 나타났다. 프랭클린 D. 루스벨트의 민주당 정부가 희망의 불씨를 지폈다. 뉴딜 정책, 그것은 새로운 길을 여는 불씨였다. 연방 정부는 경제적·사회적 복지를 확장하기 위해 적극적으로 나섰다. 구제, 회복, 개혁이라는 세 가지의 목표가 세워졌고 정부는 고통받는 이들을 과감하게 지원했다.

뉴딜 정책은 단지 경제적 구원이 아니었다. 미국인들의 마음속

프랭클린 D. 루스벨트 대통령이 뉴딜 정책에 서명하고 있다.

에 체제에 대한 자부심을 불러 일으키는 정책이었다. 국가적 신뢰를 회복시키고, 환경을 보호하며, 노동권을 수호하고, 사회 복지를 구축하기 위한 노력이었다. 특히 사회 보장법은 노인과 실업자, 빈곤층을 위한 안전망을 구축했으며 실업 보험, 노령 연금, 장애인 및 빈곤층 지원 제도를 도입했다. 이 법은 사회 복지에 대한 정부의 역할을 강화하고 현대 복지 민주주의의 토대를 마련했다.

    미국의 민주주의는 루스벨트의 뉴딜 정책 전후로 크게 나뉜다. 루스벨트는 역사상 최악의 경제 위기를 겪으면서 깨지지 않을 것 같았던 자유방임주의라는 벽을 허물었다. 연방 정부는 경제 및 사회 복지를 보장하는 데 적극적인 역할을 하게 되었다. 사회주의는 미국에서 인기가 없었지만 루스벨트의 개혁으로 미국은 사회복지적 민주주의로 변모하기 시작했다.

루스벨트의 개혁은 단순한 정책 이상의 의미였다. 미국 민주주의 원칙을 다시 정립하는 개혁이었다. 이후로도 자유방임주의 원칙은 다시 살아났고 미국 보수주의의 뼈대로 남아 있게 되지만 한 번 틀을 잡은 루스벨트의 개혁은 향후 미국 진보주의의 기둥이 되었다.

보수의 역공과
트럼프의 대반격

뉴딜 정책은 흑인과 아메리칸 원주민을 포함한 소수 민족의 복지도 고려했다. 뉴딜 문화 프로젝트는 흑인 예술가들에게도 혜택을 주었고, 19세기 후반부터 원주민 보호 구역의 문화를 말살하던 정책을 폐지하며 그들이 문화를 지킬 수 있게 보장했다.

그러나 백인 보수주의자들에게는 별다른 울림을 주지 못했다. 뉴딜 정책은 노동자 권리 강화, 복지 확대, 인종적 소수자 지원 등 기존 질서에 변화를 요구하는 내용이 많았는데 보수주의자들은 이러한 변화가 개인의 자유와 시장 경제의 자율성을 해친다고 보았다. 또한 인종 평등과 소수 민족 권리 신장에 대한 정책은 당시 주로 백인 우월주의적 시각을 가진 보수층에게는 위협으로 인식되기도 했다.

그래서인지 뉴딜 정책의 진보적 방향성에 공감하지 않고, 정책에 대한 지지보다는 경계·반대하는 이도 많았다. 게다가 2차 세계대전에 참전하면서 미국은 자연스럽게 대공황을 극복했고, 전후 미국은 평화와 풍요의 시대로 접어들었다. 이에 보수주의자들의 목소리가 다시 커졌다.

레이건 시대에 이르자 뉴딜 정책에 대한 보수주의자들의 역공이 본격화되었다. 1980년 선거에서 승리한 공화당의 로널드 레이건 대통령은 뉴딜 정책의 정부 개입을 비판하며 미국은 다시 작은 정부와 민간 기업을 성장의 동력으로 삼아야 한다고 주장했다. 그는 뉴딜 정책과 반대되는 '레이거노믹스Reaganomics•'를 통해 연방 적자 감소, 세금 인하, 규제 완화 정책을 추진했다. 정부의 개입을 최소화하고 개인주의와 자유시장 경제를 부활시키는 것이 목적이었다.

레이건의 연방 정부 축소 정책은 사회 프로그램까지 확대되어 뉴딜 정책의 구제책을 폐지하고 보건, 교육, 주택 분야의 지출을 삭감하려 했다. 정부의 복지 프로그램보다 개인의 책임과 시장 주도를 우선시하는 정책이었다. 규제 완화, 민영화, 시장 지향적 정책의 전환은 뉴딜 정책의 원칙에서 벗어나는 것이었다. 이러한 정책은 이후 공화당의 주요 정책으로 자리잡았다.

• 1980년대 미국 대통령 로널드 레이건의 경제 정책(레이건+이코노믹스). 감세, 정부 지출 축소, 규제 완화, 통화 정책을 통한 인플레이션 억제라는 네 가지 원칙에 기반했다.

또한 레이건은 전통적인 자유무역 원칙을 강력하게 옹호하며 관세 부과와 보호무역주의 정책이 미국의 전통을 훼손하고 외국의 보복을 초래할 뿐 아니라 미국 노동자와 소비자에게도 해를 끼칠 수 있다고 주장했다. 그는 무역 장벽을 높이는 대신 국제 시장에서의 경쟁력을 강화하고 경제 성장을 촉진하기 위해 자유무역을 지지해야 한다고 목소리를 높였다.

레이건은 무역 전쟁을 피하는 것이 미국 경제의 장기적인 번영을 보장하는 길이라고 믿었으며, 이를 위해 다자간 무역 협정을 통해 경제적 협력을 강화하고 국제 무역의 장벽을 낮추는 데 주력했다. 이러한 자유무역 지향적 정책은 글로벌 경제와의 통합을 촉진하고 미국 기업들이 국제 시장에서 경쟁력을 유지할 수 있도록 만드는 데 중요한 역할을 했으며, 세계 경제의 자유화와 협력적 경제 관계를 형성하는 데 기여했다.

2001년 출범한 조지 W. 부시 행정부 역시 '레이거노믹스'의 유산을 충실히 계승했다. 작은 정부, 세금 감면이라는 원칙 아래 경제 성장을 추구했다. 부시는 '자비로운 보수주의자'라는 새로운 이름표를 달았다. 그는 국가의 역할을 축소하되 사회 보장 제도의 개혁과 소외된 계층에 대한 민간 차원의 지원을 중요하게 여겼다. 시장의 자율성과 공동체의 연대, 이 두 가치를 수용하고자 했다.

부시는 사회 보장세의 일부를 개인 투자 계좌로 전환하는 방안을 내놓았다. 사회 보장 제도의 지속 가능성을 높이고, 개인의 재정적 자립을 돕겠다는 취지였다. 하지만 이 자비로운 보수주의자의 실험은 곧 당내에서 거센 반발에 직면했다.

공화당 내 강경 보수파는 이러한 개혁이 사회 보장 제도의 근본적 성격을 훼손할 수 있다고 우려를 표했다. 사회 보장세를 개인 계좌로 돌릴 경우, 제도의 안정성과 공동체 정신이 약화되어 결국 저소득층의 삶이 더 불안정해질 것이라는 비판이었다. 또 개인 계좌가 금융 시장의 변동성에 노출된다는 점도 반대 논리의 한 축이었다. 은퇴 후 안정적인 소득을 보장하려는 사회 보장 제도의 본래 취지가 훼손될 수 있다는 걱정이었다. 이처럼 부시의 개혁안은 당내 논쟁을 불러일으키며 공화당이 지닌 이념적 균열을 다시 한번 드러냈다.

부시는 이전 대통령들처럼 자유무역 기조를 강력히 옹호했다. 레이건의 자유무역 원칙은 물론이고 민주당의 클린턴 행정부의 북미자유무역협정과 아시아태평양경제협력체APEC, Asia-Pacific Economic Cooperation를 이어받아 여러 자유무역 협정을 적극적으로 지원했다.

미국은 역사적으로 자유무역주의를 지켰다. 뉴딜 정책의 원칙은 레이건부터 트럼프까지 미국 정치의 핵심 쟁점이었으며 경제 및 정치 지형을 형성했다. 뉴딜 정책 이후 '작은 정부 대 큰 정부'에 대한 논란은 지속됐으나 자유무역 원칙에는 큰 이견이 없었다.

그러나 자유무역 원칙, 그 전통이 2016년 트럼프의 등장으로 깨졌다. 트럼프는 '미국 우선주의'를 내세우며 관세와 보호무역주의를 주창했다. 이는 전통적인 미국의 가치에 정면으로 도전하는 것이며 공화당 내의 가치에 대한 재평가를 촉발했다. 레이건은 자유무역 원칙에 기반해 강한 미국을 만들고자 했지만 트럼프는 그 원칙을 파기하며 미국을 '다시 위대하게' 만들고자 했다.

민주당의 진화와
오바마의 미국

뉴딜 정책은 6·25 전쟁과 아이젠하워의 보수 물결에 잠시 밀려 났지만 '뉴딜의 기조'는 여전히 살아 있었다. 케네디와 존슨은 '위대한 사회Great Society'로 뉴딜 개혁에 다시 불을 지폈고, 민권과 복지를 전면에 내세웠다. 1990년대 클린턴은 탈냉전과 기술 혁명을 발판 삼아 경제를 성장시켰다. 클린턴의 '개인 책임'과 복지 개혁, 강력한 범죄 통제 정책, 교육과 환경 보호 노력은 미국 사회의 판을 다시 짰다.

오바마의 등장은 기적이었다. 흑인 대통령 탄생이라는 역사적 순간은 미국의 뿌리 깊은 인종 차별을 정면으로 마주한 도전이었고, 그는 화해와 포용을 민주주의의 심장으로 내세웠다. 오바마케어는 뉴딜 정책 이후 정부 개입의 가장 과감한 확장이자, 90% 이상의 미국인에게 의료 혜택을 안겨준 혁명적인 정책이었다. 하지만 연방 정부의 권력 남용 논란, 가입 의무화에 대한 반발로 보수층의 분노를 샀고 정치 양극화의 불씨가 되었다.

공익과 개인의 자유 사이에서 아슬아슬한 줄타기가 계속되는 와중에 오바마케어 논쟁은 전통 가치의 위기를 불러오면서 보수층의 불안을 자극했다. 그 결과, 티파티 운동 Tea Party movement*과 같은 강경 보수의 반발을 키우며 정치적 균열을 깊게 팠다. 이 격변의 바람 속에서 포퓰리즘이 폭발했고, 결국 트럼프가 등장해 반엘리트주의와 기존 정치에 대한 분노를 대변하며 미국 정치판을 뒤흔들었다.

프랭클린 루스벨트부터
빌 클린턴까지의 민주당

뉴딜 정책은 미국의 경제와 사회에 새로운 시작을 알렸다. 루스벨트는 뉴딜이라는 희망의 불씨를 지피며 국민의 삶을 안정시키고자 했다. 이러한 노력은 단순한 경제 회복을 넘어, 미국 사회 전체에 활력을 불어넣었다. 무엇보다도

- 2009년 길거리 시위에서 시작된 보수주의자들의 정치 운동. 보스턴 차 사건 Boston Tea Party을 시민 저항 운동으로 규정하고 자신들을 저항 운동을 하는 시민이라고 여긴다.

뉴딜 정책은 미국 민주주의의 철학을 새롭게 정립하는 계기가 되었다. 미국 건국 이후 철옹성처럼 견고하던 자유방임주의 원칙이 새로운 시대에 조응하며 변화하게 되었다.

루스벨트의 뒤를 이은 해리 트루먼은 '페어딜 정책Fair Deal'이라는 이름으로 뉴딜 정책의 가치를 더욱 깊게 뿌리내리도록 했다. 트루먼은 최저 임금을 인상하고, 저소득층을 위한 공공주택을 건설하며, 사회 보장 제도를 확대했다. 그는 노동자와 시민의 권리를 강화하여 미국 사회의 공정성과 정의를 확립하고자 했다. 페어딜 정책은 경제적 불평등을 해소하고 모든 국민이 동등한 기회를 누릴 수 있는 기반을 마련했다.

그러나 1950년 6·25 전쟁과 1953년 드와이트 D. 아이젠하워의 집권으로 뉴딜-페어딜의 개혁은 잠시 멈췄다. 전쟁은 미국 사회에 크나큰 도전 과제를 안겼고, 보수주의가 고개를 들기 시작했다. 아이젠하워는 '따뜻한 보수주의'를 표방했다. 기존의 보수주의 가치와 원칙은 유지하면서도 사회적 정의와 개인의 복지를 동시에 고려하는 정책을 추구한 것이다.

그의 정책은 시장의 자유와 정부의 역할 사이에서 균형을 잡는 데 중점을 두었다. 대규모 인프라 프로젝트인 주간 고속도로망 건설을 통해 경제 발전을 촉진하고, 국민의 이동성을 높이는 동시에 일자리를 창출하여 사회적 안정을 도모했다. 아이젠하워는 공화당 대통령임에도 불구하고 뉴딜 정책의 공공사업의 전례를 이어받아 경제 발전을 도모한 것이다. 아이젠하워의 온건한 보수주의로 말미

암아 뉴딜 개혁의 불씨는 계속 살아났다.

1961년 존 F. 케네디가 민주당의 깃발을 다시 올리자 민주당의 개혁은 다시 시작되었다. 케네디의 암살 후 린든 B. 존슨은 '위대한 사회'라는 목표 아래 개혁을 강력히 추진했다. '위대한 사회' 프로그램은 뉴딜 정책의 정신을 이어받아 불평등을 줄이고 사회 복지를 증진하려는 목표를 가지고 있었다. 뉴딜 정책은 주로 경제 회복과 실업 문제 해결에 초점을 맞췄던 반면 '위대한 사회'는 교육, 건강 보험, 주택, 환경 등 다양한 분야에서 사회적 불평등을 해결하려고 했다.

특히 존슨은 인종적 불평등을 해소하기 위해 1964년 역사적인 민권법을 통과시켰다. 남북 전쟁 이후 공화당이 추진해온 흑인 해방 운동의 권리 신장 노력은 남부 민주당의 백인 우월주의자들에 의해 저지되었지만 마침내 민주당에 의해 실현되었다. 존슨의 '위대한 사회'는 빈곤에서 교육에 이르기까지 경제 번영과 사회 정의, 그리고 민권법 사이의 균형을 이루고자 했다.

그러나 베트남 전쟁이 발발하며 개혁의 발목을 잡았다. 존슨이 베트남 전쟁 개입을 결정하면서 국민들로부터 비판을 받게 되었고, 미국은 반전 데모의 소용돌이에 빠져들었다. 전쟁은 국민들에게 깊은 상처를 남겼고 개혁의 추진력은 약화되었다. 존슨은 책임을 통감하고 1968년 선거에 출마하지 않기로 했다. 정권은 공화당의 리처드 닉슨에게 넘어갔지만 닉슨은 워터게이트 스캔들^{Watergate scandal}•로 탄핵 위기에 놓이자 스스로 하야하고 말았다.

1976년 선거에서 민주당의 지미 카터가 대통령에 당선되었다. 그는 베트남 전쟁과 워터게이트 스캔들의 후유증 속에서 정직하고 믿을 수 있는 지도자라는 이미지를 구축했다. 카터는 존슨의 '위대한 사회'에 기반한 사회·경제 개혁에 중점을 두었다. 인권을 중시하며 시민 권리 증진을 위한 여러 정책을 추진했다. 특히 저소득층을 위한 주택 정책에 주력하여 주거 안정성을 향상시켰다. 뿐만 아니라 인권을 외교의 주요 원칙으로 내세워서 미국의 인권 정책이 국제 사회에서 존중받도록 노력했다. 하지만 석유 파동을 비롯한 경제 불황이 덮치며 그의 개혁은 더 이상 탄력을 받지 못하고, 1980년 공화당의 로널드 레이건에게 정권을 물려주게 되었다.

1992년 선거에서는 빌 클린턴이 승리했다. 민주당의 개혁이 다시 탄력을 받게 되었다. 1991년 소련이 해체되며 탈냉전의 시대를 맞자, 미국은 이제 국제적 문제로부터 자유로워져서 국내 개혁에 몰두할 수 있게 되었다. 1990년대 클린턴 행정부는 기술 발전과 국제 무역의 확대를 통해 견실한 경제 성장을 이루었다.

클린턴의 임기 동안 크게 상승한 주가가 경제적 번영을 대변한

- 미국 역사상 최대의 정치 스캔들. 1972년 대통령 선거를 앞두고, 리처드 닉슨 대통령 재선 위원회가 닉슨을 위협할 만한 정적을 제거하기 위해 도청을 하다가 전화기에 설치된 도청 장치가 고장나자 워터게이트 호텔에 침투하도록 사주한 사건이다. 1973년 닉슨이 재선 임기를 시작하고 나서야 언론들이 대대적으로 보도하며 사건이 커졌다. 닉슨은 직접 관여하진 않았지만 사건을 은폐하기 위해 대통령의 권한을 남용하고 거짓말을 한 사실이 밝혀지면서 탄핵 위기에 몰리자 사임했다.

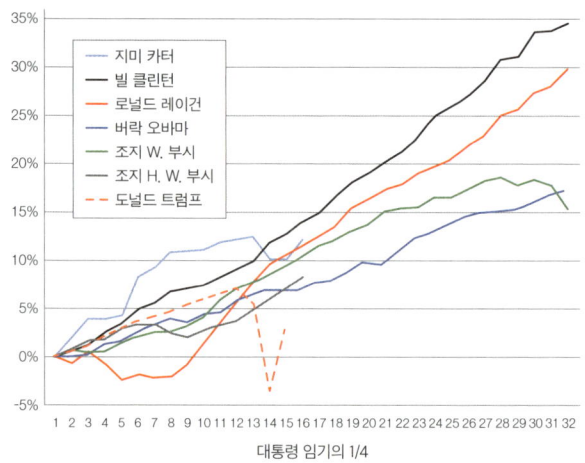

빌 클린턴 대통령 임기 중의 경제 성장률을 보여주는 그래프.

다. 1993년부터 2001년까지 클린턴 재임 기간 동안 다우 존스 산업 평균 지수는 약 110.8% 상승했으며, 나스닥 지수는 약 300% 증가했다. 클린턴 행정부는 임기 동안 연방 정부의 재정 적자를 크게 줄인 균형 예산을 달성했다. 임기 초 미국의 재정 적자는 약 4조 달러에 달했으나 임기 말에는 연방 정부가 흑자를 기록했다. 1969년 이후 처음 있는 일이었다. 이러한 결과는 인터넷과 정보 기술의 발전으로 기업과 개인의 수입이 늘었고, 이로 인해 정부의 세수 역시 증가했으며, 클린턴 행정부의 지출 삭감과 세금 인상 정책이 주효했기 때문이다.

그 외에도 클린턴 행정부는 '개인적 책임과 취업 기회 법안'을 통해 빈곤한 복지 수혜자들이 복지에 의존하기보다는 근로를 통해 자립할 수 있도록 장려하고 복지 혜택의 기간을 제한하여 시민의 자급자족을 촉진했다. 이 법안은 미국 복지 정책의 방향을 근본적으로 바꾸었다. 또한 '폭력 범죄 통제 및 법 집행법'을 통해 경찰력을 늘이고 총기 규제 조치를 강화했다. 덕분에 범죄율이 감소하고 지역 사회의 안전이 강화되었다.

클린턴은 교육 시스템 개선에도 상당한 노력을 기울였다. 교사의 자질 향상, 학교의 책임 강화, 고등 교육에 대한 접근성 확대를 이룩했다. 또한 환경 보호를 위해서 공공 토지 보호 제도를 시행했고 기후 변화에 대처하기 위해서 국제 협약에 적극적으로 참여했다.

차이의 수용,
다름의 포용을 추구한 오바마

미국은 다양한 인종의 집합체기에, 흑인 대통령이 탄생한 것은 어쩌면 자연스러운 일일지도 모른다. 하지만 오바마의 당선은 기적이었다. 미국 역사 내내 인종 차별은 미국의 어두운 그림자로 남아 있었다. 남북 전쟁 이후 흑인 노예는 해방되었지만 차별과 편견은 계속되었다.

그러한 차별적인 분위기를 고려할 때 오바마의 당선은 기적인 셈이다. 그는 미국 사회의 깊은 인종 차별이라는 뿌리를 흔들며, 소수 민족의 목소리를 높이고자 하였다. 이 역사적 순간 속에서 오바마는 자신이 짊어진 무게를 누구보다 잘 알고 있었고, 그 무게를 견디며 미국을 화해의 장으로 인도하고자 했다.

오바마는 서로 다른 배경과 견해를 가진 사람들 사이의 대화와 이해를 무엇보다 중요시했다. 그는 "우리와 다르게 보이거나 다르게 생각하는 사람들에게 관용을 보여야 한다"라고 말하며, 정치적 포용을 민주주의의 초석으로 삼았다. 관용을 넘어 다양한 관점에 적극적으로 참여하여 더 단단한 사회를 만들려는 것이었다.

그의 재임 기간 동안 이러한 정치적 포용은 여러 정책에서 명백히 드러났다. 오바마 행정부의 다카(아동기 입국자 추방 유예 프로그램)는 어린 시절 미국에 들어온 서류 미비 이민자들을 미국 사회의 일원으로 통합시키려는 노력의 일부였다. 이 정책으로 그들의 다채로운 배경을 인정했을 뿐 아니라, 그들이 미국의 문화와 경제에 기여한 바를 받아들이고자 했다. 오바마는 그들의 권리를 옹호하며 다양성이야말로 민주주의를 강화하는 요소임을 굳게 믿었다.

오바마 행정부는 경제 정책에서도 중산층과 저소득층의 권리를 보호하는 데 주력했다. 그는 모든 시민이 동등한 기회를 누리는 민주주의를 위해 지속 가능한 경제 성장과 사회 안전망의 중요성을 끊임없이 강조했다. 민주주의는 정치 체제를 넘어 경제 정의(경제 활동을 할 때 공정한 자원 분배와 모두에게 평등한 기회가 주어진 상태)를 아우른다고 그는 생각했다.

그 노력 중 가장 주목할 만한 정책은 수백만 명의 무보험 미국인에게 의료 서비스를 저렴히 제공하는 환자 보호 및 부담적정보험법ACA, Affordable Care Act이었다. 일명 '오바마케어'로 알려진 이 법은 저소득층에게 건강 보험 가입이라는 문을 열어주었고, 보험사들이 기존의 질병으로 인한 가입 거부를 할 수 없도록 하여, 모든 이가 필수적인 보험 혜택을 누릴 수 있게 했다. 이 정책은 경제적 형평성과 민주적 가치를 결합하려는 오바마의 노력을 잘 보여주었다.

또한 오바마는 시민 참여를 촉구하며 민주적 절차에 참여하는 것이 시민의 책임임을 강조했다. '나의 형제의 수호자My Brother's Keeper Initiative'라는 이니셔티브는 멘토링과 지원을 통해 유색 인종 청년들의 역량을 강화하려 했다. 이 프로그램은 지역 사회 참여와 시민의 책임을 장려하여 정보에 밝고 참여 의식이 높은 시민 세대를 육성하는 것을 목표로 했다.

그는 국제 사회에서 민주주의의 보편적 가치를 확산하는 데에도 힘을 쏟았다. 인권 보호, 경제적 불평등 해소와 같은 글로벌 과제 앞에서 미국이 '세계의 리더'로서 책임을 져야 한다고 주장했다. 예를 들어, 미얀마의 군부 탄압이나 홍콩의 민주화 시위처럼 자유와 인권이 위협받는 곳을 조명하기 위해 공개적으로 목소리를 냈고 국제 제재나 원조 중단과 같은 실질적 조치를 추진했다. 또 빈곤과 불평등이 심화된 아프리카와 라틴 아메리카 국가들에는 경제적 지원과 교육 기회를 제공해 민주주의 기반을 다지는 데 힘썼다. 그에게 민주주의란 단순히 한 나라의 정치 체제가 아니라 국경을 넘어 인류 공동의 미래를 지키는 원칙이자 세계의 안정과 번영을 이끄는 근간이었다.

조 바이든 행정부는 클린턴과 오바마의 민주당 정책을 계승하면서도 외교에서는 약간의 변화를 주었다. 다자주의와 국제 협력을 계속 유지했지만 중국과의 관계에서는 더 강력한 전략을 취했다. 특히 국가 안보를 강조하는 경제 정책을 추진하면서 새로운 접근법을 적용했다. 이러한 외교 부분은 다음 장에서 더욱 구체적으로 살펴보겠다.

오바마 행정부가
남긴 유산

오바마케어는 루스벨트의 뉴딜 정책 이후 민간 생활 영역에 대한 정부의 역할을 크게 확대시켰다. 단순히 의료 체계를 바꾸려는 시도를 넘어, 사회 전반에 걸친 거대한 개혁의 상징이 되었다. 오바마케어는 많은 미국인들의 오랜 염원을 실현했지만 한편으로는 논쟁을 불러왔고, 그 성공을 둘러싼 해석은 각양각색이다.

오바마케어는 빈곤층과 실업자를 포괄하며 90% 이상의 미국인에게 보험 혜택을 주는 길을 열었다. 2018년 무보험자의 비율은 7분의 1에서 12분의 1로 크게 줄어들었다. 이는 큰 변화를 상징했다. 하지만 오바마케어는 강한 반대에 직면했다. 공화당 내의 반대자들은 이를 연방 정부의 권력 남용으로 여겼다. 보험 가입 의무화는 정치적·이념적 분열을 심화시키는 불씨가 되었다. 오바마케어는 이를 지키려는 진보주의자들과 해체하려는 보수주의자들의 정치적 양극화의 상징으로 부각되었다.

그러나 대중은 점차 포괄적 의료 개혁에 익숙해졌다. 중요한 점은 오바마케어가 미래 개혁의 선례를 세웠고 민주당에서 제안한 '모든 사람들을 위한 메디케이드 Medicaid•' 같은 보다 급진적인 비전을 위한 길을 열었다는 점이다. 오바마 행정부는 의료 서비스 외에도 인종 간 건강 격차 해소, 고통받는 퇴역 군인 지원, 성적 지향과 관련된 장벽 해소를 통해 다양한 사회적 상처를 치유하고자 했다. 여성의 권리와 평등을 다루는 노력은 계속되었고 시민권과 사회 정의의 발전을 위한 행정부의 노력도 계속되었다.

오바마는 불평등 해소와 기회의 평등을 강조했다. 2008년과 2012년 대선에서 '변화'와 '희망'을 기치로 내세우며 많은 지지를 받았다. 오바마의 정책과 리더십 스타일은 많은 이들에게 긍정적으로 다가갔지만 일부에서는 그의 정책과 정치적 접근 방식에 반발과 불신을 품었다. 일부 사람들은 변화의 속도나 방향에 불만을 느꼈다. 변화가 모든 사람들에게 긍정적인 결과로 다가오지는 않았던 것이다. 경제적 불평등 해소를 목표로 한 정책들은 포퓰리즘적 요소로 작용했다.

특히 변화에 대한 반발은 반엘리트 정서와 결합하면서 정치적

• 주 정부가 취약 계층에게 지원하는 공공의료 보험 제도. 일정 소득 이하일 경우 의료비 지원을 받을 수 있다. 오바마 임기 동안 메디케이드 대상자의 범위는 크게 늘었다. 65세 이상의 노인, 18세 미만의 아동, 장애인, 임산부, 부양 자녀가 있는 부모 등이 대상자가 되었다.

오바마케어에 반대하는 시위자들.

양극화를 심화시켰다. 오바마는 하버드 출신으로, 정치적·사회적 엘리트로 여겨졌다. 이는 기존 정치 체제에 대한 불신과 반감을 부추겼다. 반엘리트 정서는 특히 경제적 불평등과 사회적 소외감을 느끼는 사람들 사이에서 강하게 나타났다. 이들은 주로 보수 진영의 지지자들이었고, 반엘리트 정서는 미국 사회의 정치적 양극화를 더욱 부채질했다.

또 오바마의 재임 기간 동안 급진적이고 배타적인 수사학이 특징인 포퓰리즘이 미국 정치의 지속적인 특징으로 부상했다. 포퓰리즘은 다수의 이익을 옹호함으로써 일반 대중의 관심을 끌었지만 그 과정에서 때때로 소수의 관점과 목소리를 소외시켰다. 이 접근 방식은 민주주의의 본질에 대한 논쟁을 촉발시켰고, 누구의 이익을 우선시해야 하는지 그리고 모든 사회 부문을 공정하게 대표할 수 있는 방법은 무엇인지에 대한 의문을 제기했다.

공익과 개인의 자유 사이에서 균형을 맞추는 것은 미국 민주주의에서 오랫동안 매우 중요하고 민감하게 다뤄온 현안이었다. 문제는 다수의 복지가 개인의 권리와 자유를 침해하지 않는 중간 지점을 찾기 어렵다는 데서 발생한다. 이 섬세한 균형은 다양한 의견·이해관계가 공존과 조화 속에서 이루어져야 했다. 이는 성숙한 민주주의를 위해서 필수적인 덕목이었다.

그래서 오바마케어를 비롯한 오바마의 개혁은 보수 세력의 강력한 반발에 부딪혔다. 오바마케어는 그 자체로도 논쟁의 대상이었고, 갈수록 커지는 진영 대결을 악화시켰다. 이 개혁을 주도한 대통령이 오바마인 것도 진영 대결이 악화되는 상황과 무관할 수 없었다. 최초의 흑인 대통령의 당선은 보수 성향의 백인 노동자층에게 미국 사회의 전통적 가치가 약화되고 있다고 느끼게 했으며, 미국 사회가 그들이 원하는 방향으로 나아가지 않을 것이라는 불안을 느끼게 했다. 이러한 불안은 분노로 이어졌고, 티파티 운동과 같은 보수주의자들의 반대 운동이 활성화되며 정치적 갈등이 심화되었다.

물론 인종주의적 요소가 강경한 보수주의 흐름에 얼마나 큰 영향을 끼쳤는지를 객관적으로 판단하기는 힘들다. 하지만 오바마 정권 동안 나타난 보수의 반발은 강력했으며 이후 정치적 흐름에 크나쁜 영향을 미쳤다. 결론적으로 말하자면, 오바마의 등장은 단순한 인종적 사건이 아니라 미국 사회의 정치적·문화적 구성이 변화하는 과정에서 백인 보수주의자들이 느낀 두려움과 반발의 단초가 되었다.

오바마 임기 동안 보수 쪽에서 부는 변화의 바람은 거세졌고, 그 방향은 누구도 쉽게 예측할 수 없었다. 무엇보다도 미국 내에서 증폭되고 있는 포퓰리즘은 오바마와 정반대의 민주주의 철학을 갖는 새로운 포퓰리스트의 출현을 낳은 배경이 되었다. 그 새로운 포퓰리스트가 바로 도널드 트럼프다. 트럼프는 이러한 양극화와 보수주의자들의 두려움과 증오에 기대어 자신의 정치적 정체성을 확립했다. 트럼프의 등장으로 반엘리트주의와 기존 정치권에 대한 반감이 더욱 증폭된 건 두말할 나위도 없다.

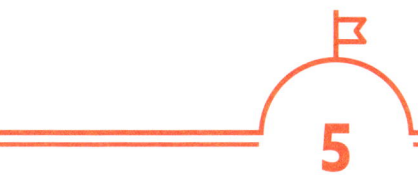

트럼프, 미국 민주주의의 이단아인가?

도널드 트럼프는 미국 정치판에 폭풍처럼 밀려들었다. 부동산 재벌 출신, 정치 경험 제로. 하지만 대중의 분노와 불신을 등에 업고 '엘리트'를 향한 총공세를 퍼부었다. 그는 '워싱턴의 늪을 없애 겠다Dry Washington Swamp'라는 선언과 함께 북미자유무역협정 폐기, 국경 장벽 건설, 무슬림 입국 금지 같은 극단적 정책으로 기존 정치권을 완전히 무너뜨렸다. 소셜 미디어를 무기로 삼아 즉각적이고 직설적으로 소통하며 지지층을 결집했고 동시에 분열과 갈등을 키웠다.

경제에선 법인세 대폭 인하로 성장을 노렸지만 국가 재정과 불평등 문제는 외면했다. 2020년 코로나19 팬데믹이 닥치자 그의 리더십은 극명하게 갈렸다. '워프 스피드' 백신 개발은 칭송받았지만 인종 갈등과 사회 불안은 전례 없이 폭발했고, 그의 민족주의와 포퓰리즘은 미국 사회의 균열을 깊게 파냈다. 트럼프는 전통 공화당과 완전히 결별하며 미국 정치에 새로운 판을 깔았다. 그는 단순한 대통령이 아니라, 미국 민주주의의 흐름을 뒤흔든 이단아로 기록될 것이다.

정치계에 돌풍처럼 등장한
도널드 트럼프

도널드 트럼프의 등장은 미국 정치사에 한 획을 그었다. 그는 기존 정치 문법을 거부한 채 부동산 재벌로서 쌓은 막강한 재력과 대중적 인지도를 앞세워 정계에 뛰어들었다. 미국에서 거대 자본가가 대통령 선거에 도전하는 일은 극히 이례적이었다. 1992년과 1996년 억만장자 로스 페로가 독립 후보로 나서며 잠시 돌풍을 일으켰다. 세간의 주목을 받았으나 공화당과 민주당의 양당 구도를 깨기에는 역부족이었다. 자동차왕 헨리 포드 역시 1924년 대선 선거 출마를 진지하게 검토했으나 정작 정치라는 벽 앞에서 끝내 뜻을 접었다. 산업계의 거물들도 넘지 못했던 장벽을 트럼프는 기성 정치에 대한 불신과 대담한 언변, 그리고 '아웃사이더'라는 신선함으로 정면 돌파했다.

트럼프는 사업가로서의 경험과 이미지를 유권자들에게 강점으로 내세웠다. 정치적 경험이 부족한 아웃사이더로서 그의 등장은 새로운 바람을 일으켰다. 특히 보수주의자들에게 그의 존재는 신선했다. 2008년 공화당은 오바마의 민주당에 정권을 넘겨주었고 공화당 지지자들의 실망감은 깊어졌다. 2012년 오바마의 재선은 보수주의자들의 불만을 더욱 부채질했다.

이를 간파한 트럼프는 기성 정치인이 아님을 강조하며 자신을 차별화했다. '엘리트 대 일반 시민'의 구도를 내세워 워싱턴의 정치 엘리트를 비판하는 전략은 공화당 지지자뿐 아니라 백인 노동자와 농민들, 전통적인 민주당 지지자들에게도 호소력이 컸다.

트럼프의 공약은 급진적 변화를 원하는 유권자들에게 신선함을 주었다. 대외 및 대내 정책은 예측 불가능했지만 이는 오히려 트럼프에 대한 관심을 증폭시켰다. 앞에서도 언급했듯이 북미자유무역협정 폐기 및 재협상, 중국에 고관세 부과 등의 국제 무역을 변화시키겠다는 공약을 내세웠다. 여러 무슬림 국가 출신 여행자에 대한 입국 금지, 국경 장벽 건설 추진 등 논란이 되는 이민 정책은 그의 비전통적인 접근 방식을 잘 보여주었다. 공화당 후보들이 전통적으로 자유시장과 제한된 정부 개입, 국제주의적 외교 정책을 강조해 온 것과 달리 트럼프는 자유무역 원칙에서 벗어나고자 했고 '미국 우선주의'를 강조했다.

특히 이민 개혁 공약은 강경함이 두드러졌다. 트럼프는 미국-멕시코 국경에 '거대한 장벽'을 세우고, 건설 비용마저 멕시코에 부담시키겠다고 선언했다. 약 천 백만 명에 이르는 불법 체류자들을 전

미국-멕시코-캐나다 자유무역협정에 서명하는 트럼프 대통령.

면적으로 추방하겠다는 계획도 내놓았다. 테러 위협을 명분 삼아, 무슬림의 미국 입국을 완전히 금지하겠다고 약속했다. 이처럼 기존 공화당 후보들조차 감히 내세우지 못했던 강력한 정책들이 쏟아졌다.

2008년 존 매케인, 2012년 밋 롬니 등 전임 공화당 대선 후보들은 이민 개혁의 필요성을 언급하면서도, 일부 불법 이민자들에게 시민권 취득의 길을 열어주는 점진적인 변화를 모색했다. 대규모 추방이나 전면 입국 금지 같은 극단적 조치 대신 체계적이고 온건한 이민 제도 개편을 추구했던 것이다.

어쨌든 트럼프의 캠페인 방식은 정부에 대한 대중의 불신을 더욱 부추겼다. 선거 때 후보자들이 기존 정책을 비판하고 새로운 정책을 내세우는 것은 당연하지만 트럼프는 그 불신을 더욱 증폭시키는 힘을 지니고 있었다. 그는 소셜 미디어를 활용해 유권자들에게 직접 다가갔다. 기존의 대규모 집회뿐 아니라, 수백만 명의 팔로워와 직접 소통하며 실시간으로 이슈를 만들어갔다.

트럼프는 미국 역사에서 전례를 찾기 힘든 포퓰리스트 대통령이 되었다. 적어도 20세기 공화당 대통령 후보 중에서는 이례적인 포퓰리스트다. 그의 등장은 미국 정치의 새로운 장을 열며, 그 자체로 하나의 사건이 되었다.

자본주의와 소셜 미디어가 낳은 이단아

2017년 겨울, 도널드 트럼프는 정치의 변방에서 중앙 무대로 뛰어들었다. 그는 전통적인 통치 방식을 거부하며 미국의 기류를 변화시키려 했다. 그 공약은 워싱턴 D.C.의 정치적 부패와 관료주의를 제거하며 기득권 세력의 영향력을 줄이겠다는 의지였다. 트럼프는 이러한 예고를 통해 자신이 정치적 아웃사이더로서 기존의 정치적 시스템을 개혁하고, 보다 투명하고 효율적인 정부를 만들겠다는 메시지를 전달하고자 했다.

첫 번째 움직임은 오바마케어의 해체였다. 무보험 미국인의 증가 가능성을 두고 벌어진 논쟁은 미국 사회 전반에 심대한 영향을 끼쳤고 의회를 분열시켰다.

경제적으로 트럼프는 앞서 언급했던 것처럼 2017년 세제 개혁 및 일자리 법을 통해 미국 경제에 활력을 불어넣고자 하는 강력한 의지를 보였다. 법인세를 역대 최저 수준으로 낮추고 개인에게도 감세 혜택을 제공함으로써 경제 성장을 촉진하겠다는 목표를 내세운 것이다. 법인세 인하로 연방 정부의 세수는 감소했고, 이는 결과적으로 연방 적자를 증가시킬 위험성을 키운다는 경고가 이어졌다. 트럼프의 경제 정책은 한편으로는 강력한 성장 드라이브로 칭송받으면서도, 다른 한편으로는 소득 불평등을 심화시키고 국가 재정의 건전성을 위협한다는 논란의 중심에 서게 되었다.

트럼프의 임기는 정치적 양극화가 극에 달한 환경 속에서 끊임없는 언론과의 충돌로 점철된 시기였다. 그는 끊임없이 미디어를 공격했는데, 이는 언론과의 복잡한 관계를 더욱 악화시키는 결과를 초래했다. 그의 트윗은 정책과 메시지를 실시간으로 전파해 지지층을 결집시키는 데 큰 역할을 했으나, 동시에 즉흥적이고 감정에 치우친 발언으로 외교적 마찰이나 국내 갈등을 불러일으키기도 했다. 지지자들에게는 솔직하고 즉각적인 지도자의 모습으로 받아들여졌지만 반대편에서는 논란과 분열의 원천이라는 비판이 쏟아졌다. 결국 트럼프의 임기는 언론과의 전면전, 그리고 소셜 미디어가 정치의 중심 무대로 부상한 시대로 기억된다.

이러한 갈등은 2020년 코로나19 팬데믹으로 정점에 이르렀다. 팬데믹은 트럼프의 위기 대응 능력에 대한 평가에서 큰 비중을 차지한다. 그의 행정부가 추진한 워프 스피드 작전을 통한 백신 개발은 찬사를 받았지만 인종 및 치안과 관련된 사회 정의 문제는 전국적인 시위로 이어졌고 국가적 긴장을 더욱 고조시켰다. 무엇보다도 팬데믹 대응은 정치적으로 매우 분열된 이슈가 되어 정치적 성향에 따라 평가가 극명하게 갈렸다.

트럼프의 팬데믹 대응은 단순히 방역 정책의 성공과 실패로만 평가될 일이 아니었다. 그의 결정과 언행은 미국 사회에 깊게 뿌리내린 정치적 분열과 뒤엉켜 있었다. 팬데믹의 혼란은 그저 촉매에 불과했고 진짜 문제의 뿌리는 트럼프가 내세운 민족주의와 인종주의, 기존 정치 질서를 거침없이 흔드는 포퓰리즘에 있었다.

그의 첫 임기는 기존 공화당과의 확연한 결별 선언이었다. 무역과 이민, 환경 정책, 대중과의 소통 방식, 경제 운용에 이르기까지 트럼프가 밀어붙인 변화는 전례 없는 것이었다. 그의 정책들은 미국 정치에 새로운 문을 열었지만 동시에 미국 민주주의의 오랜 흐름에서 벗어난 과감한 이탈이었다. 전통적 공화당뿐 아니라 미국 민주주의 자체에 대해서도 그는 이방인이었고 이단아였다.

3장

미국 외교 전통을
파괴한 트럼프

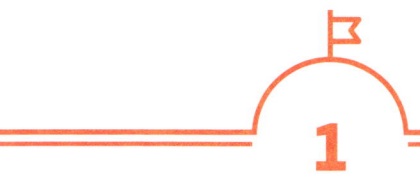

미국의 전통 외교 방침, 고립주의

　미국이 독립을 선언했을 때 유럽에서 이를 가장 반긴 나라는 프랑스였다. 프랑스와 영국은 앙숙 관계였기 때문이다. 미국이 독립을 쟁취한다면 영국에 뼈아픈 일격을 가할 수 있을 터, 프랑스는 미국의 독립을 응원했다. 미국도 프랑스의 손을 잡지 않을 이유가 없었다. 서구의 패권을 쥐락펴락하는 영국을 상대로 싸우려면 프랑스 같은 든든한 동맹이 절실했다.
　1776년 초 대륙 회의는 매사추세츠 출신 존 애덤스를 프랑스로 보냈다. 애덤스는 프랑스가 미국과 손을 잡을 의향이 있는지 떠보라는 밀명을 받았다. 청교도의 핏줄이 흐르는 애덤스는 마음이 편치 않았다. 타락한 구대륙의 나라와 동맹을 맺는 일은 찜찜한 구석이 있었다. 애덤스에게 세상은 둘로 나뉘어 있었다. 낡고 썩은 유럽과 신의 선택을 받은 신세계, 미국이었다.

파리로 향하는 배 안에서 애덤스는 원칙을 세웠다. 프랑스와 손을 잡더라도 지켜야 할 선이 있었다. 그는 세 가지 원칙을 세웠고 그것을 메모로 남겼다.

1. 정치적 동맹 불가.
2. 군사적 동맹도 불가.
3. 오직 상업적 교류만 허용.

최초의 외교 정책이자
본보기가 된 모델 조약

1778년 2월 16일 미국과 프랑스는 애덤스의 원칙에 따라 모델 조약 Treaty of Amity and Commerce 을 체결했다. 애덤스의 원칙은 신생국 미국이 유럽의 오래된 정치 질서와 거리를 두고 상업적 교류를 중시하는 외교를 지향한다는 의미였다. 이 조약이 모델 조약이라고 불린 이유는 이후 미국이 지향할 이상적인 외교 관계의 본보기로 여겨졌기 때문이다. 독립 전쟁에서 승리를 위해 프랑스와 협력할 수밖에 없었지만 이 동맹은 근본적으로 정치적·군사적 결속이 아니라 전쟁 수행을 위한 상업적 교류에 국한되었다.

물론 애덤스의 원칙이 완벽하게 지켜진 것은 아니었다. 미국은 프랑스의 군사적 지원을 받음으로써 단순한 상업적 관계를 넘어서는 조약이 맺어졌다. 그럼에도 전쟁이 끝난 뒤 미국은 유럽과의 정치적·군사적 동맹을 피하고 상업적 교류에만 집중하는 방향을 확고히 했다.

모델 조약은 애덤스 혼자만의 생각은 아니었다. 1775년 말 미국은 독립을 향해 나아가는 길목에서 영국 출신의 한 무명의 작가, 토마스 페인을 만났다. 토마스 페인은 미국인에게 깊은 영감을 주었다. 페인은 미국의 독립은 거스를 수 없는 역사의 흐름이며, 독립 후 중립을 지킨다면 유럽 국가들이 미국을 환영할 것이라고 주장했다. 영국에 불만을 품은 유럽 강대국들은 미국이 중립을 지키며 상업에만 힘쓴다면 자신들에게도 이득이 될 것이라는 판단을 마쳤다.

페인은 1775년 말부터 미국 신문에 글을 기고하기 시작했고, 1776년 1월에는 자신의 글을 모아 《상식Common Sense》이라는 책을 펴냈다. 이 책에는 미국이 어떤 유럽 국가와도 손을 잡아서는 안 되며, 그들의 권력 다툼에 휘말리지 않는 것이 미국의 진정한 이익이라는 주장이 담겨 있었다. 즉, 미국 외교의 기본 원칙을 제시한 것이다.

초대 대통령 조지 워싱턴은 재임 기간 동안 페인의 예견이 옳았음을 깨달았다. 유럽의 권력 다툼에서 한 발 물러서 있는 것이 미국의 이익에 부합한다는 사실을 뼈저리게 느꼈다. 워싱턴은 국제 사회에 영원한 친구도, 영원한 적도 없다는 것을 알았다. 복잡하게 얽

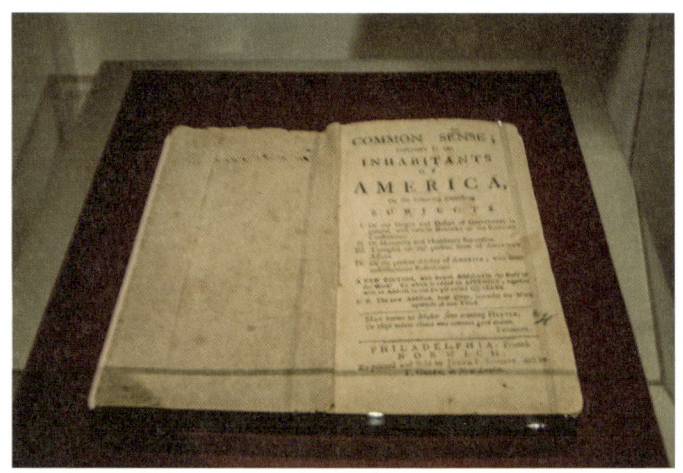

토마스 페인의 저서 《상식》.

힌 국제 관계에서 벗어나 국익을 지키는 일이 무엇보다 중요하다고 믿었다.

워싱턴은 퇴임하면서 고별사를 통해 미국이 유럽 각국의 갈등에 휘말려 운명을 공유해서는 안 되며 어떤 외국 세력과도 영구적으로 군사적·정치적 동맹을 맺지 말아야 한다고 강력히 경고했다. 신생 국가로서 미국의 독립과 자주권을 지키기 위한 현실적인 외교 원칙이었다. 워싱턴의 원칙은 이후 대대로 미국인들의 마음속에 깊이 새겨져 외교적 기조이자 구호가 되었다. 후임 대통령들은 초대 대통령의 권고를 충실히 이어받아 이를 미국 외교 정책의 불변 원칙으로 확고히 되새겼다.

먼로 독트린,
구세계로부터의 독립을 천명하다

1823년 8월 16일, 영국 정부는 미국에 은밀한 제안을 건넸다. 양국이 스페인령 아메리카 식민지를 다른 세력에 양도하는 것을 반대하는 공동 선언을 하자는 제안이었다. 당시 유럽은 혁명의 화약고였다. 나폴레옹은 몰락했으나 혁명의 기운이 도처에서 되살아나고 있었다.

1815년에 오스트리아, 러시아, 프로이센이 결성한 신성 동맹은 나폴레옹의 깃발 아래 유럽을 휩쓸었던 혁명의 망령이 되살아날까 전전긍긍했다. 이들은 스페인에 주목했다. 스페인의 페르난도 7세가 자유주의 혁명에 굴복해 입헌 군주제를 받아들였기 때문이다. 신성 동맹은 프랑스에 손을 뻗었다. 스페인 내정에 개입해 페르디난드 7세의 왕정을 복원시키도록 했다. 스페인 본국이 혼란에 빠지자 스페인의 아메리카 식민지 곳곳에서 독립 운동이 일어났다.

이러한 배경 속에서 영국이 미국에 공동 선언을 제안한 것이다. 스페인 식민지에 대한 유럽 국가들의 야욕을 함께 막자는 취지였다. 영국의 제안은 파격적이었다. 그동안 영국은 미국을 동등한 존재로 여기지 않았다. 1812년 전쟁에서 미국은 영국에 패배를 안겨 줬지만 영국은 그 승리를 폄하했다. 대서양의 뱃길은 여전히 영국의 손아귀에 있었고, 영국은 굳건한 해군력으로 미국의 상선을 억누르는 상황이었다.

제임스 먼로 대통령은 고민에 빠졌다. 워싱턴의 고립주의, 그 굳건한 원칙을 지켜야 하는가 아니면 시대의 흐름에 몸을 맡겨 영국의 손을 잡아야 하는가. 선택의 기로에 선 것이다.

먼로는 칠레, 아르헨티나, 페루, 콜롬비아를 포함한 라틴 아메리카의 독립 운동을 지지했다. 그는 자유 민주주의라는 기치 아래 미국 혁명의 불길이 아메리카 대륙 전역으로 퍼져나갈 것이라고 믿었다. 먼로는 스페인 식민지들의 독립을 막으려는 신성 동맹을 저지하기 위해 영국과 힘을 합치는 것이 나쁘지 않다고 판단했다.

대부분의 먼로 내각 구성원들은 대통령의 견해에 동의했다. 남부를 대표하는 정치인이자 전쟁 장관이었던 존 캘훈은 프랑스의 스페인 내정 간섭이 스페인령 아메리카 식민지로까지 확대될 것을 우려했다. 캘훈은 미국이 고립주의 전통을 버리고 영국과 공식적으로 동맹을 맺어야 한다고 주장했다.

그러나 국무 장관 존 퀸시 애덤스의 생각은 달랐다. 그는 영국의 제안을 의심했다. 그들의 속셈은 라틴 아메리카의 자유가 아니라 미국의 팽창을 막으려는 음모라고 보았다. 애덤스는 워싱턴이 남긴 고립주의 원칙을 지켜야 한다고 주장했다.

먼로와 내각 구성원들은 여러 차례 논쟁을 벌였다. 먼로는 점차 애덤스에게 기울어졌다. 임기가 1년밖에 남지 않은 상황에서 먼로는 전통적인 고립주의를 깨뜨린 대통령으로 역사에 기록되기를 원하지 않았다.

1823년 12월 2일, 먼로는 미국의 고립주의 원칙을 천명한 역사적인 선언, 먼로 독트린 Monroe Doctrine 을 발표했다. 이 선언은 미국이

미국의 외교 정책 방향을 논의 중인 먼로 내각 구성원들.

유럽의 아메리카 대륙 내정 간섭을 용납하지 않을 것이며, 미국 역시 유럽의 내정에 간섭하지 않을 것이라는 내용을 담고 있었다.

물론 현실은 냉혹했다. 미국은 라틴 아메리카를 실질적으로 보호할 만한 군사력을 갖추지 못했다. 미국의 힘은 미약했고, 라틴 아메리카의 나라들은 미국의 이상보다는 영국의 강력한 영향력을 더 선호했다.

먼로의 선언은 유럽에서 잠시 작은 파장을 일으켰을 뿐, 유럽 지도자들 사이에서는 오히려 경멸의 대상이 되었다. 그럼에도 불구하고 먼로 독트린은 이후 미국의 여러 지도자들에 의해 되풀이되며 재확인되었고, 마침내 일관된 원칙으로 굳어져 미국 외교의 가장 핵심적인 원칙으로 존중받게 되었다.

서쪽으로 가라, 젊은 그대여!

1840년대 미국은 팽창이라는 열병을 앓았다. '명백한 운명 Manifest Destiny*'이라는 환영이 미국을 사로잡았다. 신문 편집인 존 오설리번은 1845년, 미국의 텍사스와 오리건 점유를 신의 계시로 풀이했다. 그는 미개한 땅에 미국적 가치를 심는 일이 미국의 '명백한 운명'이라고 외쳤다. 오설리번의 말은 시대적 징후였다. 팽창은 운명이었고 사람들은 운명을 믿었다.

1844년 대선에 출마한 테네시 출신 제임스 포크는 노골적으로 팽창주의 깃발을 휘둘렀다. 텍사스 합병, 오리건 분쟁 종식, 캘리포니아 점령! 포크의 외침에 미국인들은 열광했다. 그들은 포크를 대통령으로 선택했다.

1846년 1월 13일, 포크의 군대가 멕시코를 도발하자 전쟁이 터졌다. 멕시코는 단 한 번도 이기지 못하고 1848년 2월 2일 평화 협정을 받아들였다. 멕시코는 북쪽 영토 절반을 미국에 넘겼다. 미국은 루이지애나 매입 이후 최대의 횡재를 거머쥐었다. 캘리포니아, 네바다, 유타, 애리조나, 뉴멕시코, 콜로라도가 미국의 땅이 되었다.

멕시코 전쟁 후 미국은 남북 전쟁의 늪에 빠졌다. 외교는 뒷전이

- 미국의 서부 개척 시대에 대두된 팽창주의를 대표하는 슬로건. 미국인에게는 신세계에 기독교와 민주주의를 전파하기 위한 사명이 있으며, 따라서 적극적으로 세력을 확장해야 한다는 의미를 담고 있다.

었다. 하지만 내전 중에도 국무 장관 윌리엄 H. 수어드는 먼로 독트린을 지켰다. 프랑스가 외채를 빌미로 멕시코를 점령하자 수어드는 먼로 독트린을 내세워 프랑스를 압박했다. 프랑스는 결국 철군했다.

수어드는 아메리카 대륙에서 먼로 독트린을 지켜내야 하고, 미국의 미래를 위해 태평양을 미국의 영향권 아래에 두어야 한다고 믿었다. 미국이 태평양을 놓고 서구 열강과 경쟁하기 위해서는 먼저 해결해야 할 일이 있었다. 바로 러시아의 남하 정책을 저지하는 일이었다. 수어드는 미국의 서방 정책과 러시아의 동방 정책은 어느 시점에서는 숙명적인 마주침에 직면하게 될 것이라고 예상했다. 그때 유리한 고지를 점유하기 위해서는 알래스카를 러시아로부터 매입해야 한다고 생각했다.

남북 전쟁이 끝나자 수어드는 러시아와 알래스카 매입 협상을 재개했다. 러시아는 수어드의 계산을 읽지 못했고 알래스카의 가치를 몰랐다. 러시아는 남북 전쟁 이전부터 알래스카를 미국에 팔려고 했다. 미국 내에서도 알래스카는 버려진 땅 취급을 받았다. 의회는 수어드를 비난했고 신문은 알래스카를 '수어드의 아이스박스'라고 조롱했다. 하지만 수어드는 굽히지 않았다. 결국 1867년 3월, 알래스카는 미국의 영토가 되었다. 알래스카가 미국의 서방 정책 기지가 된 순간이었다. 미국이 지불한 돈은 고작 720만 달러였다.

19세기 전반은 미국의 대륙 팽창 시대였다. 미국은 세계 역사상 유례없는 속도로 영토를 확장했다. 돌이켜보면 1823년 먼로 독트린은 수동적이고 방어적인 선언이 아니었다. 아메리카 대륙 팽창을

염두에 둔 적극적이며 공격적인 선언이었다. 1845년 미국의 '명백한 운명'이라는 외침은 아메리카 대륙 전체를 겨냥한 선전포고였다.

그뿐만이 아니다. 미국은 먼로 독트린으로 아메리카 대륙을 유럽 열강으로부터 지켜내는 동시에 미국의 운명을 태평양까지 확대하려는 속셈을 품고 있었다. 1853년 매튜 페리 제독이 일본의 개항을 타진하고, 그 다음 해에 일본을 공식적으로 개항시킨 것은 그 속셈을 잘 보여주는 사건이다. 외교적으로는 다가오는 러시아의 남하정책에 대비해서 미리 선수를 치는 전략이면서 일본을 미국의 공화주의에 근거해서 문명화시키는 미국의 선교사적 사명이 저변에 크게 작용했던 것이다.

2

세계 전쟁,
'미국의 세기'를 열다

    1898년 미국은 스페인과 전쟁을 벌였다. 한때 무적함대로 세계를 호령했던 스페인도 신생 강국 미국의 적수가 되지 못했다. 이 '짧고도 찬란한 전쟁'으로 미국은 세계 무대에 우뚝 섰다. 스페인은 카리브해와 태평양의 땅들을 잃었다. 쿠바, 필리핀, 푸에르토리코, 괌은 미국의 손에 떨어졌다. 1875년부터 미국의 영향권에 있었던 하와이도 전쟁의 열기 속에서 미국의 땅이 되었다.

    전쟁의 마침표를 찍은 파리 조약은 미국 상원에서 격렬한 논쟁을 불러일으켰다. 제국주의라는 낯선 단어가 언론을 장식했다. 먼로 독트린의 고립주의는 희미해지고 제국주의라는 그림자가 드리웠다. 필리핀은 논쟁의 중심지였다. 1898년 11월, 보스턴에서 깃발을 든 반제국주의 연맹은 필리핀 합병에 반대했다. 더 이상의 식민지 확장을 막으려 한 것이다. 앤드루 카네기와 마크 트웨인, 펜과 부를 가진 자들이 연맹의 외침에 힘을 실었다. 스페인의 압제에서 필리핀을 해방시키는 일은 옳지만 필리핀을 미국의 식민지로 만드는 일은 또 다른 이야기였다. 식민 지배는 미국의 이상을 배반하는 행위다. 유럽의 낡은 제국주의와 어깨를 나란히 할 수는 없었다.

그러나 한편에서는 제국주의에 대한 야망도 커지고 있었다. 세계는 이미 먹느냐 먹히느냐 하는 약육강식의 시대에 돌입했다. 유럽 열강의 야욕은 태평양에서도 계속될 것이기에, 유럽의 마수가 필리핀에 뻗어오기 전 미국이 필리핀을 선점해서 민주주의와 기독교 가치로 그곳을 문명화시켜야 했다. 아시아에서 벌어지는 일본의 팽창도 만만치 않았다. '명백한 운명'이 태평양에도 적극적으로 적용되어야 했다. 이것이 제국주의자들의 명분이었다.

저무는 고립주의, 드리우는 제국주의

1899년 2월 6일, 결국 상원은 조약을 비준했다. 단 1표 차이로 제국주의자들이 승리했다. 조지 프리스비 호어 상원의원은 "먼 땅을 탐하는 순간, 헤어나올 수 없는 거대한 책임의 덫에 걸릴 것이다"라는 경고를 남겼다. 그 말의 무게가 미국인의 어깨를 짓누르는 데는 그리 오랜 시간이 걸리지

파나마 운하 지역을 둘러보는 시어도어 루스벨트 대통령.

않았다.

1901년 9월, 윌리엄 매킨리 대통령이 암살당하자 부통령인 시어도어 루스벨트가 대통령이 되었다. 루스벨트는 이미 미국의 영웅이었다. 그는 스페인 전쟁에서 해군 차관직을 박차고 나와 쿠바 전투에 참전해서 혁혁한 공을 세운 제국주의자들의 우두머리였다. 그는 먼로 독트린에 갇혀 미국의 이익을 쟁취하지 못하는 일은 신이 부여한 '명백한 운명'을 저버리는 행위라고 믿었다. 더 늦기 전에 제국주의 각축장에 뛰어들어서 미국의 가치로 세계 질서를 이끌어야 한다고 생각했다.

라틴 아메리카에도 유럽 제국주의의 마수가 뻗쳤다. 루스벨트가 그것을 그냥 놔둘 리 없었다. 베네수엘라와 도미니카공화국에 유럽의 채권자들이 빚을 독촉하며 군함을 보냈을 때 루스벨트는 해군을 파견해 그들을 막았다. 해군 파견이 먼로 독트린을 위반했다는 비난에 루스벨트는 해군 파견은 오히려 먼로 독트린을 지키는 것이라고 주장했다. 미국이 라틴 아메리카의 경찰이 되어 질서를 유지하는 것이 그곳을 유럽 제국주의자들로부터 보호하는 것이기에, 궁극적으로는 라틴 아메리카에 해군을 파견한 일이 먼로 독트린을 지키는 것이라는 논리다.

파나마 운하는 루스벨트의 야망이 빚어낸 걸작이었다. 영국이라는 족쇄를 풀고 콜롬비아의 반항을 잠재운 후 루스벨트는 운하 건설을 밀어붙였다. 마침내 1914년 태평양과 대서양을 연결한 뱃길이 열렸다. 세계와 세계를 잇는 역사적 순간이었다. 파나마 운하로 미 해군의 군사적 입지가 강화되었고 미국과 아시아, 라틴 아메리카 사이의 경제적·문화적 교류에 새로운 전환점이 되었다.

루스벨트는 동아시아에도 눈을 돌렸다. 1905년 러일 전쟁 당사자들을 불러 미국의 포츠머스에서 평화 협정을 이끌어냈다. 노벨 평화상은 그의 손에 쥐어졌지만 오래가지 못할 불안한 평화였다. 일본의 군국주의는 거침 없이 뻗어나가고 있었고 호시탐탐 동아시아를 삼키려 했기 때문이다. 루스벨트는 일본을 견제할 힘은 미 해군뿐이라고 믿었다. 그는 남은 임기를 모두 해군력 강화에 바쳤다.

세계 무대에 미국을 드러낸 계기, 1차 세계 대전

1914년 여름, 유럽에는 전쟁의 소용돌이가 요동쳤다. 1차 세계 대전이 발발했다. 하지만 아직 '세계'라는 이름은 어색했다. 국제 무대의 변방에서 조용히 힘을 키우던 미국은 여전히 고립주의라는 깃발 아래에서 유럽의 참화를 외면하고 있었다. '건국의 아버지들' 시대부터 미국인들은 유럽의 전쟁은 구시대의 고질적인 문제에서 비롯된 것이라 믿었다. 따라서 미국인들은 참전을 거부했다. 우드로 윌슨 대통령도 여론을 존중하며 중립을 유지했다.

전쟁이 장기화되자 유럽 연합국은 총알뿐 아니라 빵 한 조각, 기름 한 방울까지 미국에 의존했다. 미국의 공장들은 밤낮없이 돌아갔다. 농부들은 끊임없이 수확량을 늘렸다. 미국의 생산력, 그것이 곧 전쟁의 승패를 가르는 변수가 되었다.

미국의 참전 여부가 곧 전세의 향방을 결정지을 것이었다. 하지만 미국인들은 여전히 참전을 원치 않았다. 1916년 선거에서 윌슨은 여론에 편승해 강력한 중립주의를 표방했다. 민주당의 슬로건은 "윌슨은 우리를 전쟁으로 끌고 가지 않았다He Kept Us Out of War"였다. 선거 전략은 성공했고 윌슨은 재선에 성공했다.

그런데 1917년 1월 31일, 독일이 잠자는 사자의 코털을 건드렸다. 무제한 잠수함 작전으로 영국의 해상을 봉쇄하고 미국의 물자 수송을 끊겠다고 선언한 것이다. 건국 이래, 중립주의에 입각한 자유무역 원칙을 신성한 원칙으로 삼고 있던 미국에게 독일의 도발은 선전포고나 다름없었다. 4월 2일, 윌슨은 의회 연설에서 "민주주의를 지키기 위해 세계를 안전하게 만들자!"라고 외치며 독일에 선전포고를 했다. 낡은 세계 질서를 흔들어 무너뜨리고 새로운 이상을 세우려는 숭고한 선언이었다. 14개 조항은 윌슨의 철학이자 미국이 내건 새로운 깃발로 비밀 외교의 폐지, 민족 자결주의, 그리고 국제 평화를 위한 기구 설립 등의 내용을 담고 있었다. 그의 이상은 미국 국민들에게 뜨거운 열망을 불러일으켰다.

미국의 참전은 전쟁의 저울을 연합군 쪽으로 기울게 만들었다. 승리를 거뒀으나 평화 협상 과정에서 윌슨은 절망했다. 베르사유 조약 Treaty of Versailles에 의해 독일은 천문학적인 배상금을 물어야 했고, 10~15%의 영토와 인구를 잃었으며, 식민지도 모두 잃었다. 독일에게서 빼앗은 것은 영국과 프랑스를 중심으로 한 연합국의 몫이 되었다. 결과적으로 유럽 제국주의 국가들이 독일을 제물로 삼아 그들의 이익을 챙긴 셈이 된 것이다. 윌슨이 주창한 반식민주의나 민족 자결주의는 공허한 메아리일 뿐이었다.

그럼에도 불구하고 윌슨은 희망을 놓지 않았다. 실망감을 감추며 윌슨은 마지막까지 자신이 추구하는 원칙들이 결실을 맺도록 노력했다. 그는 세계가 또다시 이러한 비극을 맞아서는 안 되며 비극을 미연에 방지하기 위해서는 국제 조직을 세워야 한다고 역설했다. 국제연맹 League of Nations은 이러한 목적하에 윌슨이 창안한 기구다. 그의 열정에 의해서 국제연맹이 출범할 수 있었다.

그러나 미국은 정작 자신들이 주도해 만든 국제연맹에 가입하지 못했다. 상원이 비준안을 거부했기 때문이었다. 고립주의라는 오래된 망령이 윌슨이 그려낸 이상을 무참히 짓밟았고 미국의 손발을 묶어버렸다. 미국이 빠진 국제연맹은 실질적인 힘을 잃은 허수아비에 불과했고, 그 무력함은 결국 세계를 또 한 번 전쟁의 소용돌이로 내몰았다. 이 실패는 2차 세계 대전이라는 참혹한 비극으로 귀결되고 말았다.

미국의 세기를 연 신호탄, 2차 세계 대전

1920년 외교에는 문외한이던 공화당의 워런 하딩이 대통령에 당선되었다. 국민들은 더 이상 유럽에서 벌어지는 전쟁에 관심이 없었다. 그들의 눈은 오직 국내, 그리고 경제에 닿아 있었다. 개인의 능력만이 성공을 보장하는 자유방임주의에 근거한 풍요로운 자본주의. 그것이 미국인들이 꿈꾸는 미래였다.

미국 역사상 가장 강한 고립주의가 미국을 덮쳤다. 하지만 세계는 이미 좁아져 있었고, 평화가 보장되지 않는 한 미국의 경제적 성장도 위기에 빠질 수 있었다. 국민들은 고립을 원했지만 정책 결정자들은 세계 질서에 대한 책임을 외면할 수 없었다.

1921년 11월 워싱턴에서 세계외무장관회의가 개최되었다. 전

2차 세계 대전 당시 미국의 고립주의를 보여주는 삽화.

쟁의 상흔이 채 아물지 않은 시기, 고립주의의 물결이 거세던 때에 미국이 주도한 대규모 국제 회의였다. 전쟁은 끝났지만 유럽 열강은 여전히 군비 경쟁에 몰두했다. 특히 일본의 야망은 아시아와 태평양을 집어삼킬 듯 맹렬했다. 필리핀, 괌, 사모아. 미국의 태평양 거점들이 일본에게 위협당하고 있었다. 워싱턴에서 개최된 회의는 미국의 의도대로 흘러갔고, 5대 해군 강국은 군축 조약에 서명했다. 영국, 미국, 일본, 프랑스, 이탈리아가 5:5:3:1.75:1.75로 해군력의 비율을 제한하는 합의였다. 일본은 자신들의 팽창을 막으려는 미국의 속셈을 알고 있었지만 세계 평화라는 명분을 거부할 수 없었다. 결국 일본은 몇 가지 양보를 받아내고 조약에 서명했다. 일본은 만주에 대한 영향력을 인정받았고, 영국은 홍콩을 요새화하지 않기로 약속했다.

1928년 미국은 또 다른 국제 회의를 주최했다. 62개국 외무 장관들이 파리에 모여 전쟁을 부정하는 조약에 서명했다. 켈로그-브리앙 조약Kellogg-Briand Pact은 전쟁이 더 이상 국가 간 분쟁 해결의 수단이 될 수 없다는 선언이었다. 하지만 이 조약은 이상주의적인 몽상에 불과했다. 조약을 어겼을 경우 어떤 제재도 가할 수 없었다. 그저 신사들의 약속일 뿐이었다. 미국 국민들의 기분은 좋게 만들었지만 세계 평화를 보장할 수는 없던 조약이었다.

특히 아시아에서 일본의 팽창 야욕이 심상치 않았다. 일본은 1931년 만주사변을 일으켜 만주를 지배했다. 세계의 이목은 다시 아시아로 쏠렸다. 켈로그-브리앙 조약을 비웃는 일본의 행동에도 국제 사회는 그저 바라볼 수밖에 없었다. 미국은 강력한 응징을 하지 못하고 만주국에 대한 불인정 정책만을 표방할 뿐이었다. 미국의 고립주의는 여전했고, 만주사변에 대한 서구 열강의 안일한 대응은 일본의 침략 야욕을 부채질했다.

중일 전쟁이 1937년 7월 발발했다. 미국 내 강력한 고립주의 정서에 따라 미국의 대일 견제 정책은 근본적으로 바뀌지 않았다. 중일 전쟁에서 승리한 일본은 1940년 9월 프랑스령이던 인도차이나 북부를 침공하고 독일, 이탈리아와 함께 3국 동맹을 결성했다.

그보다 1년 전 유럽에서는 이미 2차 세계 대전이 시작되었지만 미국의 고립주의 정서는 그 어느 때보다 강했다. 전쟁 발발 후 1년도 채 되지 않아 프랑스는 히틀러에게 점령당했다. 영국은 독일과의 전쟁에서 위태로운 상황에 처해 있었다. 영국의 처칠 총리는 미국의 참전을 절박하게 호소했지만 미국의 고립주의는 흔들리지 않았다. 전국적으로 '미국 우선 운동'이 확산되면서 미국인들은 다시 한번 유럽의 전쟁에 개입하지 않아야 한다고 외쳐댔다.

그렇지만 미국 지도자들은 일본의 인도차이나 침공에 바짝 긴장했다. 일본이 필리핀 인근까지 다가왔기 때문이다. 1941년 루스벨트 행정부는 일본에 강한 경고를 보냈다. 모든 국가의 영토와 자주권을 존중하라는 원칙을 내세우며 인도차이나와 중국에서 철수할 것을 요구했다.

단호한 태도에 일본 정부 내에서도 협상을 유도하자는 의견이 있었지만 일본은 협상을 포기하고 남하 정책을 선택했다. 유럽에서 독일이 승리할 것이라고 예상했기 때문이다. 유럽은 독일이, 아시아는 일본이 지배하는 시대가 도래할 것이라고 믿었다. 일본은 팽창하거나 초라한 섬나라로 돌아가거나, 양자택일의 기로에 서 있었다.

결국 1941년 12월 7일, 일본은 기습적으로 미국령 하와이의 진주만을 공습했다. 미국은 2차 세계 대전에 참전했고 이로 인해 유럽과 태평양에서 전세가 역전되었다. 1945년 4월 히틀러는 자살했고, 8월 15일 일본은 무조건 항복했다. 결과적으로 진주만 공습은 '미국의 세기'를 여는 신호탄이 되었다.

# 3

냉전과 탈냉전, 이념 대립으로 세계 질서를 이끌다

2차 세계 대전의 종결은 유럽 제국주의의 종말을 의미했으며, 미국과 소련이라는 두 초강대국이 주도하는 새로운 시대를 열었다. 전쟁은 유럽의 전통적인 제국주의 국가들을 경제적으로 약화시키고 정치적으로 분열시켰다. 그 자리를 대신해 2개의 '새로운 제국'이 등장했다. 새로운 제국들은 각각의 독특한 이데올로기와 세계 질서에 대한 비전을 가지고 있었다. 이 전환은 글로벌 권력 구조의 근본적인 변화를 의미했으며 양극 체제라는 무대를 마련했다.

세계는 양극 체제로 재편되기 시작했다. 한쪽에는 공산주의를 옹호하면서 정치적·군사적 수단을 통해 영향력이 미치는 범위를 확장하려는 소련이 있었다. 다른 쪽에는 자유 민주주의와 자유시장

자본주의를 옹호하면서 경제 원조, 군사 동맹, 이데올로기적 설득을 통해 소련의 확장을 억제하려는 미국이 있었다. 이 분열은 2개의 대립하는 블록으로 나뉜 세계를 창출했다. 각 블록은 영향력과 지배권을 놓고 경쟁하면서 20세기 후반 국제 관계를 형성한 냉전의 기반이 되었다.

냉전, 미국의 새로운 외교 원칙을 탄생시키다

1947년 초기 냉전의 흐름은 두 가지 결정적인 미국 외교 정책 조치로 구체화되었다. 트루먼 독트린과 마셜 계획 Marshall Plan이다. 해리 트루먼 대통령은 미국이 "무장한 소수 집단이나 외부 압력에 의해 지배당하기를 거부하는 자유 국가들을 지원할 것"이라고 명시적으로 선언했다. 즉, 트루먼 독트린은 공산주의 세력에 의해 위협받는 국가들을 지원하겠다는 선언이었다. 미국 건국 이래 외교 정책의 근간이었던 고립주의와 중립주의 원칙을 공식적으로 포기하고 새로운 원칙을 수립한 역사적인 선언이었다.

서유럽 재건을 위한 대규모 경제 원조를 제공한 마셜 계획은 더욱 전략적인 조치였다. 단순히 인도주의적 노력에 그치지 않고, 공산주의 영향력에 취약해질 수 있는 경제적 절망을 방지하려는 계산된 시도였다.

미-소 냉전이 구체화되자 또다시 긴장감이 휘몰아쳤다. 세계의 시선은 베를린으로 쏠렸다. 베를린은 냉전의 가장 큰 주역인 미국과 소련의 영향권이 직접적으로 맞닿는 지점이었다. 독일은 동서로 분단되었고, 수도 베를린 역시 마찬가지였다. 서베를린은 서방 연합군(미국, 영국, 프랑스)의 통제를 받았고, 동베를린은 소련의 영향 아래 놓였다. 서베를린은 자유주의와 자본주의의 상징이며 동베를린은 공산주의의 상징이었다.

1948년 소련이 서베를린을 봉쇄했을 때 서방 연합군이 대규모 공수 작전을 통해 식량과 물자를 공급했다. 베를린은 냉전의 긴장감을 극명하게 보여주는 곳이 되었다. 이후 베를린 장벽이 세워지면서 분단의 상징으로 더욱 굳어졌다. 결국 베를린은 자유와 억압, 동서 진영의 대립을 상징하는 도시가 되었다.

그러나 1949년 10월 세계의 관심은 베를린에서 아시아로 옮겨 갔다. 마오쩌둥이 이끄는 공산주의 세력이 장제스의 국민당을 대만으로 몰아내고 중국 본토를 장악한 것이다. 중국의 공산화는 미국 내에서 크나큰 파장을 일으켰다. 매카시즘 즉, 반공주의 열풍이 확산되었다. 이는 미국 국내 및 국제 정치에 큰 영향을 미쳤다. 소련의 원자 폭탄 개발과 중국의 공산화는 미국 사회를 불확실성에 빠뜨렸다.

그리고 이때 한반도에서 6·25 전쟁이 발발했다. 이 전쟁은 트루먼 행정부에게 중요한 전환점이 되었다. 북한군의 침공에 대응해 미국은 공산주의 확산을 막겠다는 결의를 보여주었으며, 중국의 공산화와 매카시즘으로 수세에 몰려 있던 민주당은 정치적 입지를 다시 세울 수 있게 되었다. 무엇보다도 6·25 전쟁은 냉전 초기의 불확실성을 일거에 해소했다. 최소한 미국은 트루먼 독트린이 시대의 사명임을 분명히 자각했다. 소련이 주도하는 글로벌 공산주의 음모에 직면한 미국은 자유 민주주의 질서를 수호하는 의무를 이행해야 한다고 믿었다.

베트남 전쟁에서
레이건 시대까지

6·25 전쟁은 냉전을 공고히 하는 분수령이 되었다. 전 세계에서 발생한 분쟁들이 미국과 소련 사이의 군사적 대치로 급속히 악화되었다. 인류는 아마겟돈의 불안에 휩싸였다. 1962년 10월 '쿠바 미사일 위기'로 핵 전쟁의 위기에 몰리게 되었다. 다행히 케네디와 흐루쇼프가 타협을 선택해 세계는 한숨을 돌렸다.

그러나 동남아시아의 정글에서는 또 다른 위기가 고조되는 중이었다. 베트남에서 공산당의 붉은 깃발이 남쪽으로 확산되자 미국은 개입을 검토했다. 도미노처럼 쓰러지는 남베트남의 붕괴가 이웃 국가로 확산될 위협을 안고 있다고 판단했기 때문이다. 케네디는 결정을 내리지 못하고 암살당했다.

결국 1964년 통킹만에서 총성이 울렸다. 36대 대통령이 된 린

베트남에서 게릴라와 정글에 고전한 미군.

든 존슨은 북베트남 폭격을 명령했다. 베트남 전쟁은 곧 미국의 전쟁이 되었다. 베트남이라는 늪지에 빠진 존슨은 50만 명의 병력을 투입했지만 게릴라로 가득 찬 정글에서 방향을 잃었다. 반전 데모가 미국을 휩쓴 가운데 1973년 미국은 베트남에서 철수했다. 1975년 사이공이 함락되고 도시의 이름이 호치민시티로 바뀌었다.

베트남 전쟁은 미국에 깊은 상처로 남았다. '베트남 증후군 Vietnam syndrome'은 미국을 제약하고, 미국이 앞으로 결정할 모든 미래의 개입에 그림자를 드리웠다. 1973년 의회는 닉슨 대통령의 거부권을 무효화하고 '전쟁 권한 결의안'을 통과시켰다. 대통령의 해외 병력 파견 권한이 제한되었고 의회가 행정부의 외교 정책을 엄격히 감시하기 시작했다. 행정부의 일방적인 외교 정책에 제동을 걸고 의회의 '견제와 균형'을 부활시켰다.

1976년, 베트남 전쟁의 어두운 그림자가 미국을 짓누르고 닉슨의 워터게이트 스캔들로 국민의 신뢰가 무너지던 이 시기에 지미 카터가 새로운 희망으로 등장했다. 그는 인권을 외교 정책의 핵심 가치로 내세우며 세계 무대에서 도덕적 리더십을 강조했다. 하지만 냉전이라는 거대한 현실 앞에서 그의 이상은 자주 한계를 드러냈다. 미국은 이란 미 대사관 인질 사태로 깊은 외교적 위기를 맞이했고, 소련의 아프가니스탄 침공으로 냉전의 긴장감은 한층 고조되었다. 카터는 재선에 실패했고, 냉전 시대의 마지막 강경 지도자인 로널드 레이건이 무대 중앙으로 등장하여 미국의 새로운 전략과 힘의 재확립을 선언했다.

레이건은 소련을 '악의 제국'이라 부르며 냉전을 다시 뜨겁게 달구었다. 그는 '별들의 전쟁 Star Wars'을 추진했다. '별들의 전쟁'은 소련의 탄도 미사일 공격을 막아내기 위하여 우주에 레이저 광선의 방위벽을 구축해서 적으로부터 발사되는 모든 미사일을 공중 폭파시키는 계획으로, 천문학적인 예산을 수반한 초대형 프로젝트다. 레이건은 미국의 위상을 재건하기 위해 공산주의 세력에 단호하게 대처하기로 마음먹었다. 폴란드의 자유노조 운동을 지원하여 친소 정권을 무너뜨렸고, 아프가니스탄의 무장 게릴라 부대에 비밀 군사 지원을 명령했다.

한편 니카라과의 산디니스타스 정권 전복 계획에 서명하고 콘트라 반군을 지원했지만 이란-콘트라 게이트로 레이건은 곤경에 처했다. 레이건은 행정부의 고위 관리들이 비밀리에 이란에 무기를 판매하고 그 돈으로 콘트라를 불법적으로 지원한 것을 몰랐다고 주장했지만 이 일은 그의 명성에 큰 타격을 주었다.

그럼에도 역사는 레이건의 편이었다. 그는 소련 공산주의에 대항하는 천사장으로 상징화되었고, 소련이 화해의 손짓을 내밀면서 냉전 체제가 무너지기 시작했다. 고르바초프는 미국과의 관계를 개선하고 군축 협상을 제안했다. 레이건은 소련과의 전략무기 협상을 재개했고 냉전은 순식간에 과거사가 되었다. 레이건은 소련의 종말을 보지 못하고 임기를 마쳤지만 냉전 해체를 주도하고 목격한 대통령으로 역사에 남았다.

탈냉전이 뒤바꾼
미국의 역할

1989년 11월 9일, 베를린 장벽의 붕괴는 그저 콘크리트와 철조망의 붕괴가 아니었다. 냉전 시대의 경직된 이데올로기 대립 구조는 거의 반세기 동안 글로벌 정치를 지배해왔다. 한순간에 그 구조가 사라진 것이다. 소련의 붕괴 속도는 모든 사람을 놀라게 했고 세계사는 예측할 수 없는 방향으로 전개되었다.

1990년 8월 2일, 사담 후세인의 이라크 군대는 쿠웨이트를 침공해 몇 시간 만에 그 작은 국가를 점령했다. 후세인은 거대한 야망을 품은 독재자였다. 그는 풍부한 석유 자원을 바탕으로 한 통일된 아랍 세계를 꿈꿨다.

후세인은 냉전 이후 불확실성에 휩싸인 미국이 직접적인 대결을 피할 것이라고 예상했다. 하지만 예상은 빗나갔다. 조지 H. W. 부시 대통령은 신속하고 단호하게 대응했다. 그는 28개국으로 구성된 연합군을 결성해 사우디아라비아를 방어하고, 쿠웨이트 해방을 준비하기 위해 '사막의 방패 작전Operation Desert Shield'을 단행했다. 작전이 시작된 지 겨우 100시간 만에 이라크군은 붕괴되었다. 병사들은 대량으로 투항했다. 걸프 전쟁은 미국과 동맹국의 압도적인 승리였다.

그러나 승리의 순간은 짧았다. 1992년 대통령 선거에서 빌 클린턴이 걸프 전쟁의 영웅 부시를 꺾고 당선되었다. 수십 년간의 글로벌 대결에 지친 미국인들은 국내 문제에 집중하기를 갈망했다. 클린턴은 이러한 정서를 이해했다. 그는 미국의 경제 부흥, 의료 서비스 개선, 기타 긴급한 국내 문제 해결을 선거 공약으로 내세웠다.

클린턴 행정부에서 외교 정책은 뒷전으로 밀려날 수밖에 없었다. 클린턴은 부시와 달리 거대한 전략적 비전이나 글로벌 파워 정치에 관심이 없었다. 그는 경제와 무역을 통해 세상을 바라보며 미국의 번영은 개방된 시장과 자유무역 협정에 달려 있다고 믿었다. 그는 글로벌화를 지지하며 북미자유무역협정과 관세및무역에관한 일반협정GATT, General Agreement on Tariffs and Trade을 성사시켰다.

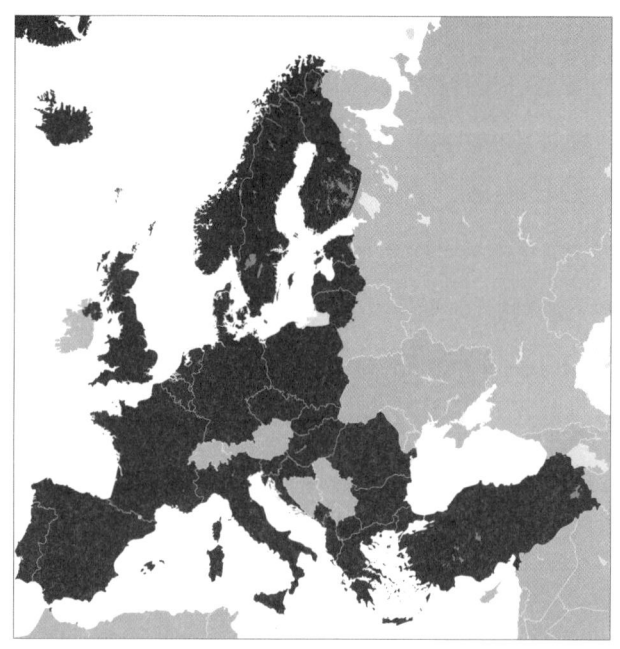
클린턴 행정부 시절 북대서양조약기구에 가입한 회원국(진한 파란색).

클린턴 행정부는 북대서양조약기구와 동유럽에 대한 접근 방식에서도 경제적 고려를 최우선으로 삼았다. 클린턴은 북대서양조약기구가 군사 조직으로서의 역할을 벗어나 유럽 경제를 글로벌 자본주의 체제에 통합하는 역할을 맡아야 한다고 믿었다. 다시 말해, 북대서양조약기구가 방어적이고 수동적인 조직이 아닌 유럽 경제를 자유시장 경제로 이끌고 글로벌 경제 안정을 보장하는 적극적이고 주도적인 조직으로 변모해야 한다고 주장했다.

이것이 클린턴이 폴란드, 체코, 헝가리와 같은 전 공산주의 국가들을 북대서양조약기구에 가입시키기 위해 외교적 노력을 기울인 이유였다. 표면적으로만 보면 이미 원래의 역할을 상실한 기구의 불필요한 확장처럼 보일 수 있다. 하지만 경제적인 관점에서 보면 이 세 국가의 북대서양조약기구 가입은 미국이 냉전 이후 유럽에 대해 정책적으로 의미 있는 전환을 시도했음을 시사한다.

클린턴은 냉전 이데올로기를 넘어 자유시장 원칙에 근거해 글로벌 커뮤니티를 확장시키고자 했다. 하지만 냉전의 유령은 쉽게 사라지지 않았다. 특히 유고 연방의 해체에 따른 보스니아 전쟁은 클린턴을 압박했다. '인종 청소'가 자행되는 상황에서 유럽 국가들은 보스니아 문제에 뒷짐만 지고 있었다.

결국 클린턴은 개입을 결정하고 데이턴 협정을 성사시켰다. 평화와 안정을 회복하기 위해 미국의 리더십이 필요하다고 판단했기 때문이다. 클린턴의 보스니아 개입은 그가 초기 국내 문제와 경제 글로벌화에 초점을 맞춘 정책에서 벗어나게 한 중요한 전환점을 이뤘다. 이는 냉전 이후에도 미국이 글로벌 리더로서의 책임을 회피할 수 없다는 사실을 보여주었다.

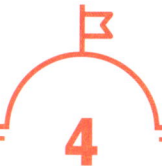

4

9·11 테러가 촉발한 새로운 질서

2001년 9월 11일, 뉴욕의 쌍둥이 빌딩이 무너졌다. 3천여 명의 목숨이 잿더미 속에 스러졌다. 미국은 분노했고 조지 W. 부시 대통령은 '테러와의 전쟁'을 선포했다. 아프가니스탄 침공을 시작으로 미군은 중동 전역으로 뻗어 나갔다. 국토안보부가 세워지고, '미국 애국자법USA PATRIOT Act•'이 제정되었다. 테러와의 전쟁이라는 명분

- 국내·국제 전화 도청 및 법 진행 기관의 감시 능력 확대, 테러 범죄에 대한 처벌 강화, 테러 혐의를 받을 수 있는 활동 목록의 확대 등이 포함되었다. 2013년 에드워드 스노든의 폭로 이후 이민자에 대한 재판 없는 무기한 구금 허용, 대상자의 동의 없이 법 집행 기관에 재산과 기록을 수색할 수 있는 권한 부여 등 인권 침해 논란이 지속되다가 미국 자유법The USA Freedome Act으로 대체되었다.

으로 일반 시민에 대한 감시가 강화되었다.

'테러와의 전쟁'은 알 카에다와 같은 극단주의 조직을 해체하고 미래의 테러를 막는다는 명분으로 발의된 법안이었다. 부시는 '극단주의 테러 네트워크와 그들을 지원하는 모든 정부'를 적으로 규정했다. 아프가니스탄에서 탈레반 정권이 무너졌지만 테러는 사라지지 않았다. 알 카에다는 파키스탄으로 본거지를 옮겼고 전 세계로 뿌리를 뻗어나갔다. 부시의 표적이 넓어졌다.

명분만 내세운 전쟁,
실패로 기록된 전쟁

2003년 3월 미국은 이라크 전쟁을 시작했다. 부시 행정부는 사담 후세인을 제거하고 민주주의를 촉진함으로써 중동을 안정화하려는 시도라고 전쟁을 정당화했다. 하지만 실은 9·11 테러 이전부터 신보수주의자(네오콘)들은 이라크에 대한 군사 행동 가능성을 검토하고 있었다. 그들은 후세인 정권을 제거하지 않고는 중동의 불안은 계속될 것이며, 이는 미국의 이익에 치명적인 화근이 될 것이라고 주장했다. 일부는 '새로운 진주만 공습'과 같은 재앙적 사건이 이러한 정책을 지지하기 위해 필요할 수 있다고 주장하기도 했다.

9·11 테러는 기회였다. 그들은 미국의 힘을 세상에 보여줘야 한다고 믿었다. 미국은 오랫동안 탈냉전과 고립주의에 빠져서 국제

사회에서 미국이 해야 할 책임과 의무를 방기하고 있었는데, 이제야말로 책임과 의무를 실천해야 한다는 것이 그들의 확신이었다.

이라크 침공의 명분은 대량살상무기 WMD, Weapons of Mass Destruction 보유였다. 하지만 전쟁이 길어질수록 의혹은 짙어졌다. 대량살상무기는 끝내 발견되지 않았다. 부시는 "대량살상무기가 없었더라도 같은 결정을 내렸을 것이다"라고 강변했다. 이라크 국민의 해방과 민주주의를 내세웠지만 공허한 메아리일 뿐이었다.

이라크 전쟁에 대한 비판의 목소리는 큰 반향을 얻지 못했다. 미국은 9·11 테러의 충격에서 벗어나지 못했다. '테러와의 전쟁'이라는 광풍 속에서 이성은 마비되었다. 단결만이 강조되었고 애국심은 맹목적인 믿음으로 변질되었다. 부시는 이라크가 미국의 안보를 위

명분 없는 전쟁으로 평가되는 이라크 전쟁.

협한다고 국민을 설득했고 그가 벌인 전쟁은 자유를 지키는 성전으로 포장되었다.

그러나 시간은 진실을 드러냈다. 이라크 전쟁은 모두를 혼돈과 파괴의 늪에 빠뜨렸다. 수많은 미군이 시신이 되어 고국으로 돌아왔고 전쟁 비용은 천문학적으로 불어났다. 베트남 전쟁의 악몽이 되살아났다. 미국인들은 전쟁의 무의미함을 깨닫기 시작했다.

2005년 대다수의 미국인들은 이라크 전쟁이 실수였다고 판단했다. 전쟁의 장기화는 미국 사회에 깊은 피로감을 안겨주었다. 언론은 전쟁의 실패를 파헤쳤고, 정치권은 비판의 목소리를 높였다. 이라크 전쟁은 또다시 미국 사회에 깊은 상처를 남겼다. 부시와 그를 둘러싼 네오콘들의 일방주의 외교 정책은 불신으로 가득 찼다.

이라크 전쟁으로 미국은 다시 강력한 고립주의 정서로 되돌아갔다. 9·11 테러로 잠시 개입주의로 전환되었지만 탈냉전 이후 지속되었던 고립주의가 강하게 부활했다. 전쟁의 명분은 거짓이었고, 과정은 잔혹했으며, 결과는 비극적이었다. 이라크 전쟁은 미국인들을 미국 밖의 일로부터 고개를 돌리게 했다.

오바마, 미국이 맡은
역할을 재정의하다

이라크의 모래바람은 잦아들 기미 없이 미군의 발목을 잡았다. 이라크 전쟁에 대한 피로감과 비판은 민주당의 버락 오바마 정권이 탄생하는 결정적인 배경이 되었다. 오바마는 무거운 짐을 짊어진 채 백악관에 입성했다. 이라크 전쟁과 2008년 금융 위기를 물려받은 오바마는 외교의 새로운 판을 짜려 했다. 그는 참여, 다자주의, 미국 파워의 실용적 평가를 결합한 접근법을 통해 미국의 세계적 역할을 재정의하려 했다.

오바마 외교의 특징 중 하나는 대화와 참여의 강조다. 그는 진정한 힘은 총칼에만 있는 것이 아니라, 동맹을 맺고 함께 문제를 푸는 데 있다고 믿었다. 그 믿음은 2009년 카이로 연설에서 드러났다. 그는 이슬람 세계를 향해 화해와 화합의 손을 내밀었다. 서로 이해하고 존중하며 함께 나아갈 길을 찾자고 했다. 경제 발전, 교육, 정치 개혁을 포함한 포괄적인 접근이 필요하다고 주장했다. 그는 전 세계 민주주의와 인권 지원에 대한 미국의 약속을 재확인했다.

또한 오바마는 다자주의를 강조했다. 그는 기후 위기, 전염병, 핵 위협 등 세계가 직면한 가장 시급한 과제들에는 공동 행동이 필요하다는 점을 인식했다. 기후 변화를 우려해 파리기후협약에 재가입했으며 국제연합과 같은 국제 기구를 강화하기 위해 노력했다. 동맹국·파트너들과 협력함으로써 오바마는 미국의 부담을 분담하고 미국 외교 정책의 정당성과 효과성을 강화하려고 했다.

이러한 신념은 이란 핵 협상에서 잘 드러났다. 핵으로 무장한 이란의 위협에 직면한 오바마는 이란과의 직접적인 대화, 주요 동맹국 및 국제 파트너와의 협력을 통해 외교적 해결책을 추구했다. 2015년에 체결된 '포괄적공동행동계획JCPOA, Joint Comprehensive Plan of

Action'은 이란의 핵 프로그램에 엄격한 제한을 부과하는 대가로 제재 완화를 하기로 했다.

안타깝게도 세상은 뜻대로 흘러가지 않았다. 시리아에서 오바마는 깊은 늪을 만났다. 그는 시리아 대통령 바샤르 알 아사드의 퇴진을 요구했다. 2011년 아랍의 봄이 시작되면서 시리아에서도 민주화를 요구하는 평화 시위가 벌어졌는데 아사드 정권은 이를 무력으로 잔혹하게 진압했다. 수만 명이 목숨을 잃고 수백만 명이 난민이 되는 참극이 이어지자 오바마 행정부는 폭력과 인권 침해를 멈추기 위해 아사드의 퇴진이 필요하다고 본 것이다. 하지만 직접적인 군사 개입 대신 온건한 반군을 돕고, 인도적 지원 및 동맹국과의 협력으로 이슬람국가 ISIS, Islamic State of Iraq and Syria를 막으려고 했다. 그럼에도 전쟁은 멈추지 않았고 비극은 계속되었다. 오바마의 머뭇거림이 화를 키웠다는 비난이 쏟아졌다.

한편으로는 러시아와 중국이 오바마의 외교를 더욱 어렵게 만들었다. 러시아가 크림반도를 병합했고, 우크라이나 동부 분쟁에 개입했다. 오바마는 제재를 가하고 동맹국들과 협력해 추가 공격을 억제하기 위해 노력했다. 그는 북대서양조약기구를 강화하고 동유럽 동맹국들을 안심시키기 위해 애썼다. 중국과의 관계에서는 협력과 경쟁을 추구했지만 기후 변화와 중국의 인권 유린, 남중국해에서의 강경한 행동에 이렇다 할 대응을 하지 못했다. 그의 부드러움과 신중함이 그들의 행동을 억제하지 못했다는 비판이 일었다.

오바마의 외교 정책은 여러 비판을 받았지만 그가 남긴 외교적 유산은 여전히 중요하게 평가되고 있다. 그는 미국의 위상을 회복하고 주요 국제 합의를 이끌어내는 동시에, 대화와 협력을 통해 세상을 변화시키고자 했다. 힘이 단순히 군사력에만 있는 것이 아니라 함께 문제를 해결하며 더 나은 세상을 만들어가는 데 있다는 신념이 굳건했던 것이다. 비록 그의 외교가 논쟁을 불러일으키기도 했지만 실리를 추구하며 모든 가능한 수단을 동원하려는 노력은 존중받았다.

트럼프 1기와
바이든의 외교

1장에서도 간략히 다뤘지만 2016년 대선에서 트럼프가 당선된 배경에서 외교는 별다른 영향을 주지 못했다. 트럼프의 외교 정책은 경제 정책과 밀접하게 엮여 있었고, '미국 우선주의'를 외치며 미국의 이익을 노골적으로 추구했다.

대표적인 것이 북대서양조약기구를 비롯한 동맹국들에 대한 방위비 증액 요구였다. 동맹의 신뢰는 허물어졌지만 트럼프는 개의치 않았다. 그는 외교 문제를 직접 다루는 것을 선호했다. 김정은과의 정상 회담이 좋은 예다. 비록 구체적인 성과를 이뤄내지 못한 개인적 퍼포먼스에 그쳤지만 말이다.

조 바이든 대통령은 전통적인 동맹 복원, 다자주의, 규칙 기반의 국제 질서를 강조했다. 그는 트럼프가 망친 미국의 리더십을 되찾으려 했다. 파리기후협약 복귀, 세계보건기구 재가입 등으로 트럼프의 결정을 뒤집었다. '미국 우선주의'에 지친 동맹들이 환호했다.

바이든은 유럽·아시아의 핵심 동맹국들과의 파트너십을 새롭게 다지고 한층 공고히 했다. 그중에서도 캐나다, 멕시코와의 관계 개선이 가장 뚜렷한 성과로 꼽힌다. 트럼프 행정부 시절 불거진 캐나다산 철강과 알루미늄에 대한 관세 문제를 해소하기 위해, 바이든은 트루도 총리와 조속한 회담을 추진하며 무역 긴장의 완화를 이끌어냈다.

멕시코와의 관계 역시 트럼프 시절의 이민 정책과 국경 장벽 논란으로 얼어붙었지만 바이든 행정부는 보다 부드러운 톤과 협력적 접근법으로 변화를 모색했다. 여전히 해결해야 할 과제들이 쌓여있었지만 바이든과 안드레스 마누엘 로페스 오브라도르 대통령은 무역과 경제 발전, 마약 밀매 단속, 이민 흐름 관리 등 다양한 현안에서 긴밀한 대화와 협력을 지속하며 관계 회복에 힘썼다.

그러나 바이든의 외교에도 도전 과제가 산적해 있었다. 2021년 아프가니스탄에서 미군 철수와 아프가니스탄 정부의 붕괴로 바이든은 광범위한 비판을 받았다. 미국이 신뢰할 수 있는 파트너인지, 외교 정책 결정의 효과가 있었는지 의문이 제기되었다. 사실 미군 철수 합의는 트럼프 행정부 시절 협상되었고 바이든은 그 계획을 실행에 옮겼을 뿐이지만 국민들은 바이든 외교의 실패로 생각했다. 카불 공항에서의 급작스러운 철수와 절망적인 장면들을 지켜본 미국인들은 베트남의 악몽을 다시 보는 것 같았다.

중국이 글로벌 강국으로 부상한 일도 바이든 행정부에게 크나큰 도전이 되었다. 기후 변화 등에서는 협력을 모색하면서도 바이든은 중국의 인권 침해, 남중국해에서의 공격적인 행동, 불공정 무역 관행에 대해 단호한 입장을 취했다. 바이든 행정부는 중국의 영향력 확대를 견제하기 위해 인도-태평양 지역에서의 동맹 강화에 힘썼다.

그러다가 러시아의 우크라이나 침공으로 바이든의 외교는 벼랑 끝에 섰다. 바이든 행정부는 러시아에 대한 제재와 우크라이나에 대한 군사적·인도적 지원을 주도하며 러시아를 국제 사회에서 고립시키기 위해 노력했다. 하지만 이 전쟁은 멈추지 않았고, 바이든의 외교는 한계를 드러냈다.

중동에서 바이든은 이란 핵 협정을 부활시키기 위해 노력해왔지만 협상은 교착 상태에 빠졌다. 바이든 행정부는 이스라엘과 팔레스타인 간의 긴장 완화와 두 국가 간 해결 방안을 촉진하기 위해 노력했다. 하지만 2023년 이스라엘-하마스 전쟁이 발발하며 바이든의 외교는 딜레마에 빠졌다.

바이든은 글로벌 무대에서 미국의 리더십을 단호하게 되살리려 했으며 특히 무너진 동맹국들과의 신뢰를 신속히 회복하는 데 집중했다. 이 과정에서 공동의 이익을 앞세워 협력의 기반을 다지고, 미국이 주도하는 국제 질서의 중심축 역할을 재확립하기 위해 주저하지 않았다.

그러나 트럼프 행정부 1기 동안 심화된 균열과 갈등은 한두 해 만에 풀기 어려운 복잡한 실타래처럼 꼬여 있었다. 특히 유럽 동맹국들은 미국의 일관성 없는 외교 정책에 여전히 의구심을 거두지 못한 채 일부는 자국 우선의 독자적 외교 노선을 모색하는 상황이었다. 완전한 신뢰 회복은 결코 쉬운 과제가 아니었다. 더불어 기후변화, 기술 경쟁, 경제 불평등, 지정학적 긴장 등 급변하는 글로벌 환경 속에서 바이든 행정부의 외교는 피할 수 없는 한계에 직면할 수밖에 없었다.

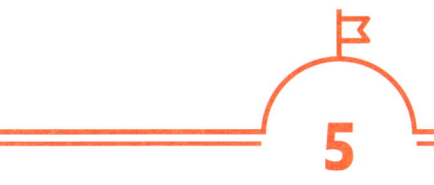

냉전으로의 회귀
: 미-중 '신냉전'의 태동

　미국인의 반중反中 정서의 뿌리는 깊다. 19세기 말 미국은 급속한 산업 발전의 시기를 맞았다. 산업이 부풀고, 서부로 영토가 팽창했고, 광산업과 대륙 간 철도 건설이 붐을 이루었다. 일손이 절대적으로 부족해지자 이민자들이 물밀듯 쏟아져 들어왔다. 아일랜드, 이탈리아 등 유럽 변방에서 온 사람들 틈에 '쿨리Coolie•'라고 멸시받던 중국인 이민자들도 캘리포니아 해안에 도착했다.

- 　저임금 중국인 노동자를 가리키는 말. 중국인 노동자들은 주로 미국의 대륙 횡단 철도 건설 현장에서 일했는데, '철도의 침목 1개를 놓을 때마다 쿨리가 1명씩 죽었다'라는 말이 있을 정도로 수많은 중국인 노동자가 열악한 노동 환경 속에서 목숨을 잃었다.

미국 땅에서 중국인들은 유독 모진 눈총을 받았다. 중국인에 대한 멸시와 차별은 그 어떤 민족이나 인종들에게 대하는 것보다 날카로웠다. 1882년에는 '중국인 배척법'이 통과되었다. 특정 민족의 노동 이민을 법으로 막아선 건 미국 역사에 처음 있는 일이었다. 자유와 평등을 부르짖던 나라의 부끄러운 민낯이었다.

중국인에게 이민의 빗장을 잠그는 것만으로는 성에 차지 않았는지, 이미 미국에 정착한 중국인들마저 불안에 떠는 사회적 분위기가 형성되었다. 폭력이 잇따랐고, 차이나타운은 몇 번이나 불탔다. 중국인들이 미국인들의 일자리를 뺏어간다는 경제적 불만이 컸지만 상당 부분 핑계일 뿐이었다. 중국인에 대한 인종적 혐오와 문화적 편견이 반중 감정의 가장 큰 도화선이었다.

1949년 10월 마오쩌둥이 중국의 공산화를 완성했다. 대륙은 붉은 깃발로 물들었다. '중국의 복음화'를 꿈꾸던 미국 선교사들은 망연자실했다. 공산주의의 승리는 미국 외교 실패의 멍에가 되어 비난과 희생양 찾기의 소용돌이를 불러왔다. 1950년 2월 미국 내에는 매카시즘 광풍이 불어 닥쳤고, 곧이어 6·25 전쟁이 발발했다. 트루먼 대통령은 미국 내 반공 정서와 냉전의 흐름 속에서 전쟁 개입을 결정했다. 중공군이 압록강을 넘자 반중 감정은 더욱 증폭되었다.

1970년대에 이르러 닉슨이 미-중 관계의 판을 흔들었다. 안보 보좌관 헨리 키신저를 앞세워 닉슨은 죽의 장막 Bamboo curtain을 걷어내고자 했다. 그 배경에는 베트남 전쟁의 수렁에서 발버둥치던 미국의 상황이 있었다. 베트남 전쟁은 린든 존슨의 민주당 정권을 이미 주저앉혔고, 그 뒤를 이은 닉슨 역시 비난의 화살을 피할 수 없었다. 이러한 상황을 타파하기 위해 닉슨은 소련 견제라는 명분을 내걸고 1972년 중공과 국교 정상화를 이룩했다.

1980년대가 되자 레이건은 냉전의 끈을 바짝 조였다. 소련을 옥죄고, 세계 곳곳에서 좌파 정권들을 솎아내는 데 혈안이 되었다. 하지만 경제 전선에서는 일본과의 싸움이 벌어지고 있었다. 냉전이라는 그늘 아래에서 일본은 패전의 상처를 딛고 일어섰고 경제는 급성장했다. 2차 세계 대전의 패전국이 미국의 제조업을 위협하는 새로운 라이벌로 등장한 것이다. 일본산 자동차와 전자 제품이 미국 시장을 휩쓸고, 일본의 철강이 오랫동안 세계 철강 산업의 대들보였던 미국을 위협했다.

일본 등 외국산 제품이 쏟아져 들어오자 미국 제조업은 기술 혁신을 통해 생산성을 높이고 경쟁력을 강화하려고 노력했다. 컴퓨터, 전자 제품, 항공 우주 장비 등 첨단 기술에 기반한 새로운 제조업이 전통적인 제조업을 대체하기 시작했다. 꾸준한 연구 개발·투자와 함께 엔지니어, 과학자들은 새로운 시대를 열기 위해 전력을 다했다.

그럼에도 불구하고 전통적인 제조업에 종사하는 자들은 분노했다. 그들은 정부를, 일본을, 그리고 변해버린 세상을 저주했다. 1982년 디트로이트의 한 술집에서는 자동차 공장에 다니는 백인 노동자들이 중국계 미국인을 몽둥이로 때려죽였다. 그를 일본인으로 오해해서 벌인 끔찍한 만행이었다. 그 사건은 미국 전역에 충격을 주었지만 다행히 미-일 간의 관계는 변하지 않았다. 일본은 미국의 강력한 우방이었고, 냉전의 기류는 여전히 강했다.

돌이켜보면 그때 이미 신냉전의 불씨가 조용히 타오르기 시작한 것이었다. 탈냉전 이후 현재에 이르는 미국과 중국 간의 새로운 긴장 국면 즉, 신냉전은 아이러니하게도 미국의 가장 든든한 동맹인 일본과의 관계 속에서 싹트고 있었다.

탈냉전 이후
급부상한 신흥 강국 중국

1989년 베를린 장벽이 무너져 내리며 냉전의 장막이 서서히 걷히기 시작했다. 1991년에는 붉은 깃발이 크렘린궁 위에서 내려오며, 70여 년간 세계를 압도했던 이념의 시대가 막을 내렸다.

그 여파 속에서 세계는 중국으로 시선을 돌렸다. 마지막으로 남은 공산주의 국가가 거대한 역사적 흐름에 굴복할지, 아니면 그 속에서 새로운 세계 질서의 싹을 틔울지 모두의 관심이 집중되었다. 게다가 베를린 장벽이 무너지기 약 반 년 전, 천안문 광장에서는 민주화 열망이 분출되기까지 했다. 물론 중국 공산당은 이를 무자비하게 진압하며 시대의 어두운 면모를 드러냈지만 말이다.

1976년 마오쩌둥이 사망할 때까지만 해도 중국은 세계에서 가장 가난한 나라 중 하나였다. 대약진 운동*의 실패는 수천만 명의 아사자를 낳았고, 곧 이어진 문화 대혁명**은 지식인들을 숙청하고 사회를 혼란에 빠뜨렸다. 붉은 이념은 빛을 잃었고, 절망만이 중국을 뒤덮고 있었다. 그 절망 속에서 덩샤오핑이 등장해 새로운 중국을 만들고자 했다. 그는 혁명가였지만 맹목적인 이념에 갇히지 않았다. 그는 현실주의자였고 생존을 갈망하는 인민들의 절규를 들었다.

"검은 고양이든 흰 고양이든 쥐만 잘 잡으면 된다"라고 말하며 덩샤오핑은 이념이 아니라 시장이 인민의 굶주린 배를 채워줄 것이라고 믿었다. 닫혀 있던 시장의 빗장을 풀고, 경제특구를 설치하고, 외국 자본을 유치했다. 홍콩과 대만의 자본가들이 찾아왔고, 서구의 기업들이 공장을 세웠다.

특히 경제특구 정책으로 미국 기업들이 중국에 몰려들었다. 코카콜라, 제너럴 일렉트릭과 같은 거대 기업들은 적극적으로 중국 시장에 진출했다. 코카콜라는 중국에 공장을 설립하여 중국인들의 입맛을 사로잡았고, 제너럴 일렉트릭은 기술과 자본을 투자하여 중국의 산업 발전에 기여했다. 1986년에는 300개 이상의 미국 기업

- • 1958~1962년 마오쩌둥이 주도한 대규모 경제 개혁 정책. 농업과 산업을 동시에 발전시키겠다는 목표를 세웠으나 대기근, 산업 생산력 후퇴, 경기 침체, 국제적 고립을 초래했다.
- •• 1966~1976년 마오쩌둥이 이끈 사회·문화 혁명. 전통 문화 파괴, 지식인 탄압 등으로 정치적·경제적 혼란을 야기했다.

들이 중국과 계약을 체결했으며 투자액은 25억 달러를 넘어섰다.

미국 기업들은 경제특구에서 세금 감면, 토지 임대 등의 혜택을 누리며 사업을 확장했다. 중국의 값싼 노동력을 활용하여 생산 비용을 절감하고 경쟁력을 강화할 수 있었다. 중국은 외국 자본과 기술을 흡수하여 빠르게 산업화의 길에 들어섰다. 미국 기업들의 투자는 중국 경제 성장의 가장 중요한 촉매제 역할을 했다.

대외적으로도 중국은 야심찬 정책을 추진했다. 1996년 중국은 상하이협력기구SCO, Shanghai Cooperation Organisation를 설립했다. 러시아, 중앙아시아 국가들과 경제·안보 협력을 강화하기 위해 손을 잡은 것이다. 클린턴 행정부는 크게 동요하지 않았다. 오히려 클린턴은 중국을 국제 사회의 일원으로 받아들여서 자유시장 경제 체제에 참여하도록 장려했다. 미-중 무역은 급증했다.

그러나 중국의 경제 성장은 일부 미국 엘리트들을 불안하게 만들었다. 신보수주의자들은 클린턴의 글로벌화 정책이 미국 제조업을 해외로 이전함으로써 미국의 경제 기반을 약화시킬 것이며, 궁극적으로 미국의 군사적 헤게모니를 위협할 수 있다고 우려했다. 또한 클린턴 행정부가 중국의 인권 유린에 눈감은 것을 미국 가치관의 배신이라고 비판했다. 하지만 그들의 목소리는 큰 반향을 얻지 못했다. 탈냉전 시대가 도래하며 자본의 논리가 이데올로기·안보의 논리를 압도했기 때문이다.

중국의 세계무역기구
가입이 불러온 관계의 변화

2001년 미국을 위시한 서방은 중국의 세계무역기구 가입이 정치적 자유화의 신호탄이 될 것이라고 믿었다. 하지만 중국의 성장은 예측을 뛰어넘었다. 급속한 경제 성장을 토대로 중국이 세계 질서에 막대한 영향력을 끼칠 것이 분명해졌다. 미국 내에서는 1990년대 후반부터 신보수주의자들이 제기했던 '중국 경계론'이 더욱 주목을 받았다.

미국은 이를 바로잡으려 했지만 9·11 테러가 발목을 잡았다. 이라크 전쟁, 아프가니스탄 전쟁, 끝없이 이어지는 '테러와의 전쟁'으로 미국의 모든 자원이 중동의 수렁으로 빨려 들어갔다. 중국의 부상을 저지하는 일은 뒷전으로 밀렸다. 그동안 중국은 폭발적인 경제 성장을 이뤘다. 높은 경제력을 바탕으로 해군과 미사일, 사이버 전력까지 군사 현대화에 총력을 기울였다.

물론 미국도 완전히 가만히 있지는 않았다. 부시 대통령은 '테러와의 전쟁' 와중에도 중국과의 관계를 '전략적 경쟁자 관계'로 설정하고, 동맹을 다지고, 군사 전략을 수정하며 중국을 견제하려 애썼다. 하지만 이라크의 불길을 끄느라 중국을 견제할 여력이 충분치 않았다. 미국이 이라크 전쟁에 몰두하는 사이 중국은 세계 2위의 경제 대국으로 부상했으며 군사 대국의 반열에 올라섰다.

2008년 금융 위기는 미-중 관계의 지각 변동을 알리는 전조였다. 경제축의 무게 중심이 이동했고 미국은 깊은 불황의 늪에 빠졌

경제 안보, 정치, 기술 등 전방위로 확산된 미-중 신냉전.

다. 미국은 금융 위기를 극복했지만 더딘 경제 회복과 중국의 경제 성장이 가속화된 것이 문제였다. 대중국 무역 적자가 확대되었다. 중국의 불공정한 무역 관행, 지적 재산권 침해, 통화通貨 조작 논란은 뇌관처럼 터져 나왔다.

오바마 행정부는 '전략적 인내'라는 대중국 외교 전략을 추진하면서 견제와 협력이라는 두 가지 목표를 동시에 추구했다. 하지만 중국의 통화 조작 논란과 사이버 스파이 활동은 균형을 깨뜨렸다. 오바마 행정부는 중국의 위안화 환율 정책이 미국의 제조업 경쟁력을 저해하고 무역 불균형을 심화시킨다고 판단하고는 중국에 위안화 절상을 요구했다. 사이버 스파이 활동은 양국 간의 안보 갈등을 심화시키는 핵심 요인이었다. 특히 2015년 미국 인사관리처 해

킹 사건은 수백만 명의 미국 공무원 개인 정보가 유출된 심각한 사건으로, 오바마 행정부는 중국의 사이버 스파이 활동에 대한 강력한 대응을 천명했다.

오바마는 세계무역기구 제소, 경제 제재 등 갖은 압박을 가했지만 중국은 꿈쩍도 하지 않았다. 오바마의 '아시아로의 전환' 정책은 공허한 메아리에 불과했다. 환태평양경제동반자협정_{TPP, Trans-Pacific Strategic Economic Partnership}은 중국을 견제하기엔 역부족이었고, 남중국해에서의 '항행의 자유 작전'은 중국의 콧대만 높였다. 경제적 이익 때문에 오바마는 중국을 강하게 압박할 수 없었다. 미-중은 그렇게 위태로운 줄타기를 이어갔다.

그러다 트럼프가 등장했다. 2016년 그는 중국산 제품에 대한 관세 폭탄을 공약하며 단순한 경제 정책을 넘어선 강경한 전략을 내세웠다. 관세는 무역을 넘어 안보, 기술, 이념에 이르기까지 중국에 대한 노골적인 공세 수단이 되었다. 강경한 대중 정책은 국민들 사이에서 큰 호응을 얻었다. 미국 내에서 중국에 대한 감정은 점차 악화되는 상황이었고, 그 밑바탕에는 제조업 쇠퇴와 무역 불균형으로 인해 깊어진 불신과 적대감이 자리하고 있었기 때문이다.

트럼프의 등장은 미-중 신냉전을 공식화하는 것이나 마찬가지였다. 그는 중국을 미국의 패권을 위협하는 적으로 규정했다. '미국을 다시 위대하게'. 트럼프의 야망은 중국 경제를 무너뜨리고 미국의 지배력을 되찾는 데 있었다. 그의 슬로건은 사실 '중국을 제압하고, 미국을 다시 위대하게'라고 할 수 있다.

트럼프는 미국 외교 전통을
깨뜨린 파괴자인가?

앞서 미국 외교의 역사는 오래된 '모델 조약'에서 시작한다고 설명했다. 고립주의, 상업적 교류, 그리고 워싱턴의 고별사와 먼로 독트린이 그 뿌리다. 타국의 권력 싸움에 휘말리지 않고 미국의 자주권과 국익을 지키는 것이 외교의 핵심이었다. 하지만 냉전이 도래하면서, 고립주의 전통이 개입주의로 전환되면서 상황은 달라졌다. 냉전 시기에 미국은 소련의 공산주의 확장에 맞서 트루먼 독트린과 마셜 계획을 통해 자유 진영을 결집하고, 북대서양조약기구와 같은 군사 동맹을 구축하며 세계 전략을 주도했다.

냉전과 탈냉전 시기를 관통하는 미국 외교는 이념과 군사력, 경제, 협력주의 사이를 끊임없이 오가며 변모해왔지만 세계가 요동치는 한가운데서도 미국이 굳건히 붙잡았던 것은 글로벌화와 다자주의라는 원칙 아래 국제적 책임을 회피하지 않는 태도였다. 정치적으로는 민주주의에 대한 확고한 신념을, 경제적으로는 자유무역주의에 대한 변함없는 신뢰를 품은 이 새로운 전통은 19세기 고립주의를 뒤로하고 미국 외교의 새로운 길을 열었다.

그런데 트럼프가 나타났다. '미국 우선주의'를 내세우며 이 전통을 흔들어 놓았다. 다자주의와 국제 협약을 의심하고 동맹을 불신했다. 무역 전쟁과 강경한 이민 정책으로 미국 외교에 큰 파문을 일으켰다. 특히 중국에 대한 강경한 태도는 전방위적인 충돌을 불러왔다. 관세 폭탄을 던지면서도 고립주의와 개입주의 사이를 오락가락하는 그의 모습은 미국 외교의 일관성을 무너뜨리고 동맹국들과의 균열을 깊게 만들었다.

그러나 트럼프가 전통을 완전히 파괴했다고 말하기는 어렵다. 미국 외교는 늘 변화를 겪어왔기 때문이다. 먼로 독트린부터 두 차례의 세계 대전, 냉전, 탈냉전까지 시대와 이익에 따라 전략을 바꿔왔다. 트럼프의 '미국 우선주의'도 냉전 이후의 '글로벌 리더십'과 '다자주의' 시대를 벗어나 자국 중심으로 돌아간 흐름의 일부다. 그의 정책은 경제적 불평등과 글로벌화에 대한 반발, 전통적 엘리트에 대한 불신이 표출된 결과기도 하다.

결국 트럼프는 전통을 완전히 부정하는 파괴자라기보다는 미국 외교 전통에 균열을 내고 변화를 강요한 인물로 기억될 것이다. 미국 외교에 '변화와 반발'이라는 또 다른 변주를 만든 인물로 말이다. 그의 강경한 대중 정책과 불확실한 동맹 정책은 미국 외교의 한계를 드러내고, 전통적인 전략의 재평가와 새로운 방향 모색을 촉진했다. 미국 외교가 앞으로 나아갈 길을 다시 고민하게 만든 촉매제 역할을 한 셈이다.

그의 등장은 미국이 과거의 틀에 안주할 수 없음을 보여주었고 새로운 시대적 요구와 도전에 어떻게 대응할지 근본적 질문을 던졌다. 전통과 변화 사이의 이 긴장은 앞으로도 미국 외교의 중요한 갈림길로 남을 것이다.

4장

제2의 남북 전쟁은
불가피할까?

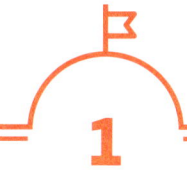

미국 다문화주의의
전통과 특징

    미국은 흔히 '멜팅 팟Melting Pot'이라고 불린다. 쇳물이 녹아 새로운 형태를 빚어내듯 서로 다른 문화들이 한데 섞여 미국이라는 새로운 문명이 건설되었다는 의미를 담고 있다. 이 멜팅 팟이라는 용어는 19세기 후반에서 20세기 초, 미국 역사상 가장 큰 이민 물결이 들이닥쳤을 때부터 널리 쓰이기 시작했다. 이민자들이 미국 사회에 녹아들어 새로운 문화를 만들어낸다는 이상을 비유적으로 표현한 것이다.

    특히 1908년 상영된 이스라엘 장월Israel Zangwill의 희곡《멜팅 팟The Melting Pot》은 이 용어를 대중적으로 알리는 데 큰 역할을 했다. 러시아계 유대인 난민이 미국으로 건너와 새로운 삶을 시작하는 이야기를 그린 이 희곡은 다양한 문화와 인종이 융합되어 새로운 미국 문화를 창조한다는 메시지를 전달했다.

한편 멜팅 팟 이론은 '샐러드 볼 Salad Bowl' 이론과 자주 비교된다. 샐러드 볼 이론은 다문화 사회에서 각 문화가 고유한 특성을 유지하면서도 공존한다는 개념을 은유적으로 표현한 것이다. 샐러드 속의 채소들이 섞여 있지만 각자의 맛과 형태를 잃지 않음을 의미한다.

멜팅 팟 이론은 이민자들이 새로운 사회에 동화되어 기존의 문화적 특성을 포기하고 새로운 정체성을 형성한다고 주장하는 반면, 샐러드 볼 이론은 사회 구성원들이 각자의 문화적 배경을 존중하며 함께 살아갈 수 있다고 본다. 다시 말해 멜팅 팟은 동화를, 샐러드 볼은 다양성을 강조하는 것이다.

멜팅 팟과 샐러드 볼, 이 두 비유적 이론은 미국의 복잡한 정체성을 상징적으로 드러낸다. 한편으로 미국은 멜팅 팟처럼 서로 다른 모든 요소를 녹여 하나의 새로운 문화를 빚어내려 했고, 다른 한편으로는 샐러드 볼처럼 각자의 독특한 정체성을 유지하며 조화롭게 공존하는 사회를 지향했다. 멜팅 팟 이론은 백인 앵글로색슨 기독교 WASP, White Anglo-Saxon Protestants 문화를 중심으로 다양한 문화가 한데 어우러진다는 관점으로 널리 받아들여졌다. 하지만 시간이 지나면서 이 이론이 은연중에 앵글로색슨 기독교 중심주의를 강화한다는 비판이 일었고, 그에 따라 서로 다른 문화들이 존중받으며 조화롭게 공존하는 샐러드 볼 이론이 새롭게 주목받기 시작했다.

멜팅 팟과 샐러드 볼 중
미국이 선택해야 할 길은?

사실 미국의 역사를 되짚어보면 샐러드 볼 이론이 훨씬 더 설득력을 가진다. 건국 초기부터 미국은 다양한 인종, 종교, 문화를 품은 복합적인 사회였기 때문이다. 미국은 종교의 자유를 찾아 유럽에서 건너온 이민자들에 의해 세워졌다. 청교도, 퀘이커, 성공회, 가톨릭 등 다양한 신앙을 지닌 이들이 미국 땅에서 비로소 자유롭게 신앙을 실천하며 자신만의 정체성을 지켜나갔다.

영국인들은 동부 해안에 터를 잡았다. 이들은 주로 종교적 차이에 근거해 다양한 지역에서 문명을 형성했다. 청교도들은 북동부 뉴잉글랜드에, 영국 국교회는 버지니아에, 가톨릭은 메릴랜드에, 장로교는 캐롤라이나에 자리를 잡았다. 그리고 그곳에서 정치와 경제, 사회의 뼈대를 세웠다. 그들은 자기네 법과 제도, 문화를 미국 땅에 심었다. 그 씨앗은 오늘날 미국 문화의 뿌리가 되었다. 하지만 미국 사회를 만든 건 오직 영국인들만은 아니었다. 네덜란드인들은 뉴욕 땅에서 무역과 상업을 일으켰고, 프랑스인들은 캐나다와 루이지애나에서 모피와 농업에 손을 댔다. 초기 미국은 그러한 다채로운 문화가 엉키고 흩어지는 공간이었다.

그리고 유럽에서 건너온 이민자들 틈에 아프리카에서 강제로 끌려온 노예들이 있었다. 17세기부터 19세기까지 수백만 명의 아프리카인들이 쇠사슬에 묶여 미국 대륙으로 이송되었다. 그들은 농장과 광산에서 혹독한 노동을 감내하며 살아야 했다. 그 고통 속에서도 자신들만의 문화를 싹틔웠다. 독특한 리듬과 선율로 이루어진 음악, 신앙과 의례가 깃든 종교, 토속적인 요리법들이 그들의 손끝에서 만들어졌다. 이 모든 것들은 미국 사회에 깊이 뿌리내려 오늘날의 다채로운 풍경을 이루는 밑거름이 되었다.

미국은 태어날 때부터 다문화의 땅이었다. 그 다양함이 미국 사회를 살아 숨 쉬게 하는 숨결이었다. '다문화주의'라는 말이 본격적으로 등장한 건 1960년대, 민권 운동의 불길이 타오르던 시절이다. 그때부터 다문화는 미국을 규정하는 말이 되었지만 그 논쟁은 훨씬 오래전부터 이어져왔다. 19세기 후반 이민자들이 밀려들면서 멜팅 팟과 샐러드 볼이라는 이론이 등장한 것이지, 실은 미국이 뿌리 내린 순간부터 이 문제는 끝없이 되풀이되는 숙제였다.

앞으로 미국 다문화주의는 멜팅 팟과 샐러드 볼 사이에서 어느 쪽을 더 소중히 여길 것인가에 달렸다. 둘 중 하나만 택하기란 불가능하다. 단결과 다양성, 두 마리 토끼를 잡아야 한다. 모두가 한 뿌리에서 뻗어나왔음을 인정하면서도 각자의 뿌리는 꺾이지 않고 미국 사회에 깊이 뻗어야 한다. 그러한 사회를 꿈꾸는 것은 쉬운 일이 아니다. 건국 이래로 미국은 줄곧 이 난제를 품은 채 흔들리고 고민하며 또다시 일어섰다.

누가 먼저
미국 땅을 밟았나?

'이민자의 나라'라는 빛나는 수식 뒤에는 증오와 갈등의 상처가 숨겨졌다. 샐러드 볼처럼 조화로운 공존은커녕, 멜팅 팟처럼 하나가 되는 것조차 쉽사리 허락되지 않았다. 백인 앵글로색슨 기독교인들은 스스로를 선택받은 민족이라 여기며 다른 이민자들을 깔보고 무시했다. 특히 아일랜드인들이 주요 표적이었다.

1840년대 아일랜드는 감자 대기근으로 수백만 명이 굶주림과 질병으로 스러졌다. 살아남기 위해 사람들은 미국행 배에 몸을 실었다. 하지만 가난, 가톨릭 신앙, 무지는 그들을 따라다니는 꼬리표처럼 따라붙었고 그들은 편견과 차별의 대상이 되었다.

1850년대에 들어서자 미국 역사상 최초의 반이민주의 정치 집단인 '미국당'이 등장했다. '토박이 미국인 Nativists'을 자처한 그들은 아일랜드인의 이민을 막고 가톨릭 신자들의 공직 진출을 금지해야 '미국을 미국답게 만들 수 있다'고 주장했다. 가난하고 무식할 뿐 아니라 교황에게 충성하는 자들은 미국을 좀먹는 암세포와 같다고 매도했다.

미국당은 대통령 선거에 후보를 내기도 했다. 몇몇 주에서 승리를 거두며 기세를 떨쳤지만 오래가지는 못했다. 반아일랜드 운동보다 더 거대한 불길 즉, 노예 제도라는 문제가 미국 사회를 둘로 쪼갤 듯 맹렬하게 타오르면서 미국당의 혐오는 빛을 잃었다.

인종 차별과 토착민주의를 내세웠던 미국당의 깃발.

그러나 남북 전쟁이 끝나자 반아일랜드 토박이 운동이 다시 고개를 들었다. 토박이들의 공격 범위는 더욱 확대되었다. 급속한 산업 발전으로 아일랜드인뿐 아니라 이탈리아인을 비롯한 남동부 유럽 지역의 이민자들이 물밀듯이 미국으로 건너왔기 때문이다. 그들은 대부분 가톨릭 신자였다. 게다가 유대인까지 이민 행렬에 합류하면서 토박이들은 기존의 반흑인, 반가톨릭 정서에 유대인 혐오까지 더해 더욱 강렬하게 운동을 펼쳐나갔다.

한편 서부 해안 지역에서는 또 다른 혐오의 불씨가 타올랐다. 서부 팽창으로 일자리가 풍부해지자 중국인 노동자들이 미국에 건너와 금광에서 일하고 철도를 건설하며 땀을 흘렸다. 백인들보다 낮은 임금을 받는 중국인들은 아일랜드인들과 같은 새로운 이민자들에게조차 눈엣가시였다. 백인들의 일자리를 빼앗고, 임금을 깎아내

19세기 후반 극에 달한 반중국인 정서를 보여주는 삽화.

리며, 도덕적이지 못하고, 비위생적이며, 미국 사회에 섞일 수 없는 존재로 낙인찍혔다. 결국 1882년, 중국인 노동자들의 미국 입국을 금지하는 미국 역사상 처음으로 이민을 제한하는 법이 만들어지기까지 했다.

중국인 배척법은 토박이들의 승리였다. 그들의 힘이 정부 정책까지 좌지우지할 수 있음을 증명했고 앞으로 더 강력한 이민 제한 조치를 만들 발판을 마련했다. 19세기 토박이 운동은 경제 불안, 인종 차별, 외국인 혐오 등 여러 요인이 뒤섞인 복잡한 현상이었다. 이 운동은 미국 사회에 깊은 상처를 남겼다. 이민 정책을 왜곡하고, 불관용과 차별을 조장하며, 사회 통합을 가로막았다.

백인 앵글로색슨 기독교인들이 주도한 토박이주의는 19세기 내내 미국 다문화주의의 그림자로 드리워졌다. 하지만 그 어떤 그림자보다 가장 짙게 드리운 어둠은 반흑인 정서였다. 노예 제도는 건국 이래 미국 다문화주의를 근본적으로 가로막는 거대한 장애물이었다.

남북 전쟁에서 북부가 승리하며 노예 제도가 폐지되고 흑인 노예들이 법적으로 자유를 얻게 되었으나 그들은 여전히 차별과 불평등에 직면해야 했다. 남북 전쟁 이후 법적으로 흑인들에게 시민권과 투표권을 보장했지만 실제로는 백인들의 완강한 저항으로 흑인들은 오랫동안 권리를 제대로 누리지 못했다.

남부는 토박이주의가 가장 거세게 일렁이던 땅이었다. 흑인을 미워하는 마음만이 아니었다. 가톨릭 신자와 유대인에 대한 혐오도 그곳에서 뭉쳐졌다. 노예 제도를 지키려 남북 전쟁을 치른 남부 주들은 다문화의 물결을 막기 위해 문화 전쟁의 선봉에 섰다. 낡은 깃발을 다시 들어 올리며 새로운 싸움을 시작했다. 그들의 눈에는 흑인도 가톨릭 신자도 유대인도 결코 '진짜 미국인'이 아니었다.

무엇이 진정한 미국 다문화주의인가?

태초부터 다문화가 뿌리를 내린 나라, 미국. 동부 해안의 13개 식민지는 저마다 독특한 정체성과 색채를 지닌 채 독립된 공동체로 존재했다. 서로 다른 이들이었지만 영국에 맞서 싸워 독립을 쟁취했고, 그 이후엔 연방이라는 단단한 결속을 이뤄냈다. 연방 헌법은 각 주의 독립과 자유를 확고히 보장하며 '견제와 균형'이라는 원칙 아래 중앙 정부와 주 정부 사이의 힘의 조화를 꾀했다.

물론 이러한 균형은 노예 제도의 그림자 아래 흔들리기도 했다. 남부의 시선에서 보면 노예 제도의 유지는 '전통적인 다문화주의'를 지키려는 마지막 몸부림이었다. 하지만 아이러니하게도 남북 전쟁 이후 남부는 다문화주의를 위협하는 중심지가 되어버렸다. 반흑인, 반가톨릭, 반유대인 정서가 오랫동안 다문화의 뿌리를 송두리째 흔들었다.

그럼에도 미국은 수많은 도전을 극복하며 다양성과 관용의 가치를 지켜왔다. 19세기 내내 '백인 앵글로색슨 기독교 가치'를 옹호하며 이민자들을 억압하려 했던 토박이들이 끊임없이 등장했지만 그들의 영향력에는 한계가 있었다. 미국은 다양한 뿌리를 가진 사람들이 함께 살아갈 수 있는 땅이라는 믿음을 가진 사람들이 언제나 그들보다 강했기 때문이다.

20세기 초 혁신주의를 기치로 내건 미국의 진보주의자들은 사회 개혁과 정치적 투쟁을 통해, 맹렬하게 타올랐던 토박이주의의 불길을 억눌렀다. 언론인들은 부패한 정치 기구를 폭로했고, 활동가들은 이민자들이 거주하던 빈민가의 비참한 환경을 개선하기 위해 노력했다. 그들은 낡은 사회 질서를 뒤엎고 모든 미국인을 위한 더 공정하고 평등한 사회를 건설하려 했다. 그리고 1960년 아일랜

최초의 흑인 대통령으로 당선된 버락 오바마.

드게 가톨릭 신자가 대통령으로 선출되었다. 존 F. 케네디의 당선은 불과 몇 년 전만 해도 상상하기 어려웠던 일이었다.

물론 거듭 말하지만 미국 다문화주의의 가장 깊고 어두운 균열은 흑인에 대한 뿌리 깊은 차별이다. 노예 제도의 유산은 쉽게 사라지지 않았다. 하지만 용기와 결단력을 가진 개인들의 노력 덕분에 천천히, 고통스럽게 상처는 아물기 시작했다. 1964년 민권법은 차별의 장벽을 허무는 획기적인 사건이었다. 물론 법만으로는 모든 문제를 해결할 수 없었다. 차별은 여전히 존재하며 불평등도 남아 있다. 그럼에도 불구하고 민권법은 다문화 사회로 나아가는 중요한 발판이었다.

2008년 미국은 흑인 대통령을 맞이했다. 버락 오바마의 당선은 미국 다문화주의의 밝은 미래를 향한 희망의 신호였다. 물론 그의 등장을 불편하게 여기는 이들도 적지 않았다. 불편함을 느끼는 사람들은 미국 역사에서 언제나 존재해왔다.

과거의 토박이주의자들과 마찬가지로, 현 시대의 '불편함을 느끼는 사람들'도 자신들만이 미국을 미국답게 만들 수 있다고 믿는다. 하지만 미국 다문화주의의 전통과 특징을 고려할 때 그들의 준동은 결국 역사의 큰 흐름을 거스를 수 없을 것이다.

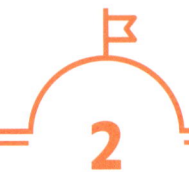

다문화주의
v. 지역주의

　건국 초기부터 이어져온 남북 간의 지역 갈등은 서부로의 팽창과 함께 더욱 복잡한 양상을 띠기 시작했다. 대륙 서쪽으로 영토를 넓히는 과정에서 노예 제도를 둘러싼 갈등은 점점 더 깊어졌다. 1820년 미주리 타협과 1854년 캔자스-네브래스카법은 바로 이러한 갈등의 상징이자 분수령이었다.

　미주리 타협은 미주리가 노예주로 편입되는 대신 북위 36도 30분 이남의 루이지애나 매입 지역에서는 노예 제도를 허용하되, 이 북쪽 지역에서는 노예 제도를 금지하는 것으로 합의했다. 노예 제도의 확산을 일시적으로 제어하려는 시도로, 남북 간 긴장을 잠시 완화했으나 근본적인 갈등을 해소하지는 못했다. 이후 캔자스-

네브래스카법은 이 타협을 뒤집고 해당 지역 주민들이 노예 제도 허용 여부를 스스로 결정할 수 있도록 '주민 주권 원칙'을 도입했다. 이로 인해 캔자스와 네브래스카 지역에서 노예 제도 찬반 세력 간의 격렬한 충돌이 시작되었고, 미국 내 갈등은 한층 격화되면서 내전의 불씨가 되었다.

특히 1854년 캔자스 준주에서는 노예 제도 찬성파와 반대파가 전국 각지에서 몰려들어 치열한 이념 대립을 벌였다. 이 작은 땅에서 벌어진 유혈 충돌은 55명의 목숨을 앗아갔으며 '유혈의 캔자스Bleeding Kansas'라는 이름으로 기록되었다. 이 참혹한 사건은 곧 다가올 남북 전쟁의 서막을 알리는 신호탄이 되었다.

골드 러시가 불러온
서부 해안의 다문화 물결

서부로의 팽창은 단순한 영토 확장을 넘어서 미국 사회에 새로운 문명과 경제적 변화를 몰고 왔다. 1848년 캘리포니아의 새크라멘토 강변에서 우연히 발견된 금은 곧바로 전례 없는 '골드 러시'를 촉발했다. 이 소식은 전 세계에 퍼져나가 아시아, 유럽, 라틴 아메리카 등지에서 수많은 이민자들이 부와 기회의 약속을 좇아 캘리포니아로 몰려들었다. 이 과정에서 캘리포니아는 다양한 인종과 문화가 뒤섞이는 멜팅 팟으로 자리잡으며, 미국 내에서 민족과 문화가 융합하는 새로운 사회 실험

캘리포니아 주 승격 100주년을 기념하는 우표(1950년).
다양한 캘리포니아 상징물 중 금을 채취하는 광부가 그려져 있다.

장이 되었다. 이로써 서부 팽창은 미국의 경제적 기틀을 확장하는 동시에 다문화 사회의 뿌리를 깊게 내리는 계기가 되었다.

서부는 기존의 사회적 구조를 해체하고 개인의 창의성을 꽃피우는 새로운 프론티어였다. 농민, 상인, 이민자들은 기존 질서를 뒤흔드는 새로운 관점을 가져왔다. 캘리포니아는 단순한 장소가 아니라 하나의 이념이 되었다. 금광에 대한 열망은 능력주의와 혁신의 정신으로 승화되었고 미래의 기술적·문화적 혁명을 예고했다.

특히 실리콘밸리는 미국 문명의 새로운 심장부가 되었다. 이 작은 지역은 세계 기술 혁신의 엔진이자 글로벌 경제의 핵심 발전소다. 구글, 애플, 페이스북과 같은 거대 기술 기업들이 여기서 탄생했고, AI와 빅데이터 같은 혁명적 기술들이 이곳에서 태어났다. 실리콘밸리는 단순한 지리적 공간이 아니라 도전과 혁신의 정신을 상징하는 살아있는 생태계다.

미국의 지역주의는 보수적인 남부, 진보적인 북부, 그리고 새롭게 부상하는 서부 해안 지역의 복합적 상호작용으로 더욱 정교해졌다. 서부 해안 지역이 진보의 중심으로 자리잡으면서 남부의 고립은 더욱 심화되었다. 고립된 남부 주들이 새로운 흐름에 적응할지 아니면 미국 역사에서 항상 그랬듯 강력한 토박이주의로 대응할지는 미국 문명의 미래를 결정짓는 중요한 갈림길이 될 것이다.

산악 서부 지역의 보수화, 도시와 농촌의 정치적 격차

미국의 정치 지형은 다채로운 색깔로 덧칠해진 팔레트와 같다. 그중에서도 태평양 연안인 캘리포니아, 오리건, 워싱턴은 진보주의라는 선명한 색채로 뚜렷한 존재감을 드러낸다.

한편 시선을 동쪽으로 옮기면 웅장한 로키 산맥을 중심으로 또 다른 세계가 펼쳐진다. 바로 산악 서부 Mountain West다. 콜로라도, 유타, 네바다, 애리조나, 뉴멕시코, 아이다호, 몬태나, 와이오밍 8개 주로 이루어진 이 지역은 혁신과 자유주의의 기치 아래 역동하는 서부 해안과는 사뭇 다른 정치적 풍경을 자아낸다.

산악 서부는 대체로 보수주의 성향을 띤다. 이 지역의 보수주의는 복합적인 요인이 얽혀 만들어낸 독특한 문화적 자산이다. 그 기저에는 개인주의, 자립 정신, 그리고 대자연과의 깊은 교감이 자리 잡고 있다. 광활한 대지와 험준한 산악은 인간의 의지를 시험하고 스스로의 힘으로 삶을 개척해 나가도록 끊임없이 자극한다. 이러한 환경 속에서 정부의 간섭은 최소화되어야 하며 개인의 자유와 책임이 무엇보다 중시된다. 낮은 세금, 규제 완화, 기업 활동을 장려하는 정책은 보수적 가치관을 반영한 결과다.

물론 최근 들어 히스패닉 인구가 꾸준히 증가하고 있는 서남쪽 지역의 정치 지형에는 적지 않은 변화가 일고 있다. 애리조나의 경우 전통적인 공화당 강세 지역에서 벗어나 민주당 지지세가 점차 확대되면서 경합주로 분류되기도 한다. 또한 도시를 중심으로 전문직 종사자와 젊은 유권자들이 유입되면서 정치적 갈등이 더욱 치열해지는 중이다. 이들은 재생 에너지 사용, 동성 결혼 지지, 대마초 합법화 등의 진보적인 정책을 지지하며 사회의 포용성과 관용을 확대하는 데 기여하고 있다.

그럼에도 불구하고 산악 서부·북부 지역은 여전히 보수적 가치의 견고한 보루로 남아 있다. 와이오밍, 아이다호, 유타 등 공화당의 텃밭으로 불리는 주들이 대표적이다. 이들 주는 미국 사회의 정치적 양극화가 심화되면서 더욱 강한 보수적 정체성을 드러내는 중이다.

공화당은 이 지역의 농촌 유권자들이 느끼는 문화적·경제적 불안감을 효과적으로 활용하며 총기 소유의 자유, 국경 보안 강화, 전통적 가치 수호 등을 강조하며 지지세를 확장해 나가는 중이다. 높은 백인 인구 비율, 연방 정부에 대한 불신, 진보적 가치에 대한 반감 등 여러 요인이 복합적으로 작용하면서 산악 서부는 점차 '남부화'되고 있는 것이다. 인구 규모나 선거인단 수 면에서 산악 서부가 미국 대통령 선거에 미치는 영향은 제한적이지만 그들의 확고한 보수적 정체성은 고립되어가는 남부에게 든든한 정치적 동맹군이 되어주고 있다.

한편 보수와 진보라는 이분법적인 구도 외에도, 도시와 농촌이라는 또 다른 축이 미국 정치 지형을 가로지르고 있다. 도시는 민주당의 아성, 농촌은 공화당의 텃밭이라는 공식은 단순한 정치적 선호도를 넘어 미국 사회의 깊은 균열을 반영한다. 도시는 다양성이 꽃피는 용광로와 같다. 인종, 민족, 종교, 성적 지향 등 다양한 배경을 가진 사람들이 한데 어우러져 살아가며 개방적이고 진보적인 가치를 공유한다.

반면 농촌은 전통적인 가치관이 여전히 강력한 영향력을 행사하는 곳이다. 보수적인 종교적 신념, 애국심, 공동체 의식 등은 농촌 사회를 지탱하는 굳건한 토대다. 인구 고령화 역시 농촌의 보수화를 심화시키는 요인이다. 고령층은 사회 변화에 저항하고 전통적인 가치를 옹호하며 공화당을 지지하는 경향이 강하다. 농촌 주민들은 자신들의 삶의 방식, 문화, 가치관에 대한 자부심이 높다. 도시 지역에 대한 반감, 소외감 등은 공화당 지지로 이어지는 또 다른 요인이다.

경제적 불평등 심화, 문화적 가치관 충돌, 정보 접근성 차이 등 다양한 요인이 복합적으로 작용하면서 도시와 농촌 간의 간극은 더욱 벌어지고 있다. 이러한 격차는 정치적 양극화를 심화시키고 사회 통합을 저해하는 요인으로 작용한다.

뿌리 깊은 지역주의의 본질, 남과 북의 분열

여러 번 강조했듯이 미국 문명의 특징을 이해하는 데 간과할 수 없는 점은 다문화주의다. 남부 주들이 노예 제도를 유지한 채 연방에 참여하고, 북부 주들이 노예 제도를 묵인한 것은 이러한 다원성을 반영한 결과였다. 노예 제도를 둘러싼 남북 간의 갈등은 미국의 태생적인 숙명과도 같았다. 어느 한쪽이라도 합의를 깨뜨리려 하거나 부정적인 시각을 드러내는 순간, 지역 갈등은 언제든 수면 위로 떠오를 수밖에 없는 구조였다.

첫 번째 균열은 1800년 대통령 선거에서 드러났다. 토머스 제퍼슨이 승리할 수 있었던 배경에는 남부 주들의 압도적인 지지가 있었다. 초대 대통령 조지 워싱턴 시대부터 남부 주들은 북부의 연방주의자들이 주도하는 정치적 흐름에 불만을 품고 있었다. 그들은 결집하여 자신들의 대변자인 제퍼슨을 대통령으로 선출했다. 이로써 연방주의자들의 시대는 저물고 남부 민주-공화주의자들의 시대가 도래했다. 1800년 선거는 단순한 정권 교체를 넘어 연방주의의 몰락과 민주-공화주의의 부상이라는 뚜렷한 지역주의적 기반

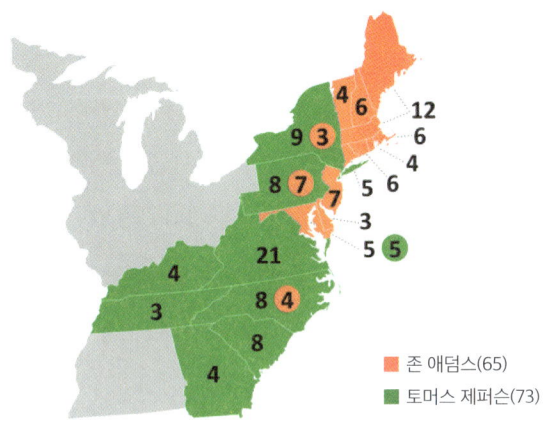

1800년 대통령 선거 결과. 토머스 제퍼슨에게 향한 표는 결집된 남부를,
존 애덤스가 얻은 표는 분열된 북부를 보여준다.

위에 세워진 사건이었다.

버지니아 출신의 농장주이자 노예 소유주였던 제퍼슨의 당선은 남부의 승리를 의미했고 노예 제도의 그림자를 더욱 짙게 드리우는 결과를 낳았다. 북부의 연방주의자들은 비록 정치적 분열로 패배했지만 노예 제도를 결코 용납할 수 없었다. 노예 제도는 언제 터질지 모르는 시한폭탄이었다. 1800년 선거는 그 뇌관을 더욱 깊숙이 묻어두는 행위였다.

시한폭탄은 1830년대에 이르러 폭발했다. 1828년 연방 의회는 북부의 공장과 제조업을 보호하기 위해 수입품에 최고 50%의 세금을 부과하는 관세법을 통과시켰다. 이는 북부에는 축복이었지만 남부에는 재앙과 같았다.

수입 원자재 가격이 폭등하고 유럽 국가들이 남부의 면화에 보복 관세를 부과하자 남부 농장주들은 경제적 어려움에 직면했고 분노는 극에 달했다. 그들은 이 관세법을 '혐오스러운 관세법Tariff of Abominations'이라 부르며 강력하게 반발했다. 1832년 사우스캐롤라이나는 연방 관세법에 대한 '무효화 조례'를 선포했다. 이는 단순한 법적 저항이 아닌 주 정부의 권리를 주장하는 정치적 선언이자 사실상 연방 정부에 대한 반기였다.

앤드루 잭슨 대통령은 단호하게 대응했다. 그는 사우스캐롤라이나의 '무효화 조례'를 연방 정부에 대한 도전이자 반란으로 규정하고, 군대를 동원하여 응징하겠다고 으름장을 놓았다. 다행히 1833년 서부 주를 대표하는 헨리 클레이가 중재에 나서면서 위기는 극적으로 해소되었다.

잭슨은 연방 의회를 설득하여 관세율을 점진적으로 낮추는 법안을 통과시켰고, 사우스캐롤라이나는 무효화 선언을 철회했다. 무력 충돌은 피할 수 있었지만 상처는 이미 깊게 패였다. 사우스캐롤라이나는 연방에 대한 불신을 감추지 않았고, 남부의 엘리트들은 자신들의 생존 방식이 위협받는다고 느꼈다.

1830년대의 관세법 파동은 결정적인 분열의 시작이자 비극의 서막, 미국의 미래를 결정짓는 중요한 전환점이었다. 이는 단순한 경제적 갈등이 아니라 미국이라는 연방 국가의 존립 방식에 대한 근본적인 의문을 품게 했다. 남과 북은 이미 서로 다른 세계에 살고 있었다. 관세법은 그러한 세계의 다름을 폭로하는 거울과 같았다.

이러한 갈등은 계속 고조되다가 결국 1861년 남북 전쟁으로 귀결되었다. 남북 전쟁은 노예 제도의 폐지라는 결과를 이뤄냈지만 그 과정에서 수많은 희생과 상처를 남겼다. 전쟁 이후에도 인종 차별과 사회적 불평등은 오랫동안 지속되었고, 미국 사회에 깊은 그림자를 드리웠다. 남북 전쟁은 미국 역사에서 가장 중요한 사건 중 하나로, 아직까지도 미국의 정체성과 가치관에 대한 끊임없는 논쟁을 불러일으키고 있다.

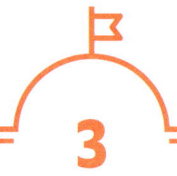

평등의 시작과
보수의 반격

1964년 민권법은 미국 역사에 한 획을 긋는 사건이다. 남북 전쟁 이후 100년 동안 실질적으로 자유와 평등을 누리지 못했던 흑인들에게 비로소 진정한 자유와 평등의 기회를 제공했다. 물론 민권법 하나만으로 흑인에 대한 뿌리 깊은 편견과 차별이 단숨에 사라진 건 아니었지만 평등을 향한 역사적인 발걸음이었다는 점은 분명했다.

민권법이 가져온 즉각적인 변화는 바로 '법적' 차별의 철폐였다. 수십 년 동안 짐 크로우 법은 공공장소, 교육, 고용 등 사회 곳곳에서 인종 분리를 강요해왔다. 민권법은 이러한 차별적 관행을 불법으로 규정하면서 흑인들이 사회 구성원으로서 당당하게 나설 수 있는 길을 열었다.

흑인들은 식당이나 호텔 같은 공공 시설을 자유롭게 이용할 수 있게 되었고, 학교에서도 인종 분리 정책이 사라졌다. 투표세나 문맹 검사 같은 차별적인 투표 관행도 금지되었고, 연방 정부가 투표권을 보호할 수 있게 되면서 흑인 유권자 등록이 눈에 띄게 늘어났다. 이는 곧 흑인들의 목소리를 대변하는 대표자들이 선출되는 결과로 이어졌다. 경제적으로도 이 법은 고용 차별을 금지하면서 흑인들이 더 나은 일자리를 얻고 경제적 지위를 향상시킬 수 있는 발판을 마련했다.

분노한 보수주의자들, 공화당으로 향하다

민권법은 평등의 깃발을 올렸지만 백인 보수주의자들의 분노를 들끓게 했다. 이미 민주당 루스벨트의 뉴딜 정책이 남부 백인들의 심기를 불편하게 만든 상황이었다. 남부 백인들은 배신감을 느꼈고, 전통적인 지지 정당이었던 민주당으로부터 등을 돌리기 시작했다. 1961년 케네디 행정부 역시 루스벨트의 기조를 이어받아 흑인 권익 옹호 정책을 펼쳤고, 케네디 암살 이후 존슨 행정부에서 민권법이 통과되자 남부 백인들의 불만은 걷잡을 수 없이 터져 나왔다.

공화당은 남부 백인들의 분노를 놓치지 않았다. '법과 질서'를 강조하고 연방 정부의 과도한 개입을 비판하며 전통적 가치를 옹호하는 방식으로 은근하게 인종적 긴장을 부추기고 문화적 불안감을 자극했다. 이것이 이른바 '남부 전략'이었다. 이 전략은 놀라운 성공을 거두었다.

1964년 대선에서 배리 골드워터는 공화당 후보로서 기존의 공화당 강세 지역을 넘어 남부에서 이례적인 지지를 이끌어냈다. 골드워터는 강경한 연방 권력 제한과 주 권한 강화 입장을 내세웠다. 남부 백인 유권자들의 연방 정부에 대한 반감을 파고든 것이다. 비록 대선에서 패배했지만 그는 남부 백인 유권자들 사이에서 공화당에 대한 호감을 크게 확산시켰고 이는 공화당의 남부 재편의 출발점이 되었다.

이후 리처드 닉슨은 1968년 대선에서 '남부 전략'을 한층 더 체계적이고 정교하게 다듬었다. 그는 인종 문제에 직접 개입하기보다는 '법과 질서'라는 슬로건을 내세워 도시 내 범죄와 사회 불안을 부각시키며 남부 백인들의 불안감을 자극했다. 동시에 연방 정부의 권한 남용을 경계하는 태도를 견지해 전통적 가치와 지역 자치에 대한 옹호를 표방했다. 이 전략은 남부 백인 유권자들의 대규모 이탈을 이끌어내면서 닉슨에게 승리를 안겨주었고, 그 결과 공화당은 오랫동안 민주당의 텃밭이던 남부를 자신들의 정치적 기반으로 확고히 다지게 되었다.

'남부 전략'은 미국 정치의 판도를 근본적으로 뒤흔들었다. 동시에 인종 문제를 더욱 민감하고 첨예한 쟁점으로 부각시켜 정치적 양극화를 심화시켰다. 공화당은 이를 발판 삼아 보수적 정체성을 공고히 하며, 미국 정치의 이념적 지형을 완전히 재편했다. 물론 여러 복합적인 요인이 작용하였지만 '남부 전략'은 기존의 경제적·사회적·정치적 긴장을 극대화하며 남부 보수층의 지지를 민주당에서 공화당으로 이동시키는 결정적인 원동력이 되었다.

레이건에서 깅리치, 보수 반동의 시대

1960년대와 1970년대의 미국은 거센 격랑에 휩싸였다. 민권 운동은 태풍처럼 전국을 휩쓸었다. 베트남 반전 시위와 여성 해방, 성의 자유를 요구하는 다양한 운동들이 거리와 광장에 쏟아져 나왔다. 이러한 진보의 물결 앞에서 백인 보수층은 깊은 불안을 느꼈다. 특히 남부의 백인들은 상대적 박탈감에 휩싸여 자신들이 익숙하게 누려온 삶의 방식이 무너지는 것을 절감했다.

닉슨이 워터게이트 사건으로 물러나고, 지미 카터의 민주당 정권이 들어서면서 '남부 전략'은 잠시 힘을 잃었지만 1980년 로널드 레이건의 등장은 '남부 전략'을 더욱 강력하게 부활시켰다. 레이건은 강한 국가, 낮은 세금, 정부 개입의 최소화, 좌파에 대한 경계를 내세우며 남부·중서부의 백인 노동자 계층과 중산층을 포섭했다.

레이건 시대에 몰아친 문화적 보수주의는 미국 사회 전반에 거

낙태 반대 시위자의 사진. 로 대 웨이드 판결은 낙태의 권리가 미국 헌법에 기초한 '사생활의 권리'에 해당한다는 점을 확인해주었다.

대한 파동을 일으켰다. 미국 역사에서 보수주의의 파도가 일어날 때면 늘 도덕과 윤리의 바람이 불었는데, 그 중심에는 전통적 기독교 문화가 자리잡은 남부가 있었다. 남부 사회는 가족이라는 전통적 가치에 뿌리를 내리고 있었으며 가부장적 질서가 중심축으로 작동했다. 이러한 가치와 질서 안에서 여성의 사회 진출이나 페미니즘과 같은 진보적 움직임은 낯설고 불편하게 받아들여졌다.

복음주의 교회는 이 시기에 목소리를 높였다. 학교에서 기도할 권리와 성경 교육을 요구하며 세속주의의 확산에 대한 불안을 드러냈다. 특히 1973년 '로 대 웨이드Roe v. Wade' 대법원 판결로 낙태가 합법화되자 그들의 불안은 극에 달했다. 남부 보수주의자들의 프로라이프 운동Pro Life•은 급속히 확산되며 법적·사회적 투쟁 전선이 형성되었다.

더욱이 레이건 정권 출범 직후인 1981년 6월, 미국 질병통제예방센터CDC가 원인 불명의 면역 체계 약화 환자 사례를 보고하면서 에이즈가 사회적 이슈로 부상했다. 성소수자에 대한 낙인은 에이즈 확산과 함께 더 깊어졌고, 백인 기독교 보수주의자들은 전통적 가족 가치를 내세워 성소수자들의 권리 확대에 강력히 대항했다. 레이건은 그러한 불안과 불만을 어루만지며 '가치 회복'을 역설했다. 도덕이 붕괴한다는 위기의식에 짓눌린 보수주의자들은 도덕, 가족, 종교라는 세 기둥을 붙잡고 사회의 '쇠퇴'를 막으려 안간힘을 썼다.

1990년대에 이르러 도덕적 보수주의 운동은 뉴트 깅리치라는 지도자 아래 더 조직적이고 날카롭게 강화되었다. 1994년 중간 선거를 앞두고 깅리치가 내세운 '미국과의 계약'은 정치·경제·사회·도덕 전반에 걸친 보수 개혁 의지를 집약한 선언이었다. 이 계약은 정부를 더 작고 효율적으로 만들고, 세금을 낮추며, 법과 질서를 강화하겠다는 약속의 모음이었다. 더불어 개인의 책임과 전통적 가치를 강조하며 복지 제도의 남용을 막고 도덕적 해이를 바로잡고자

• 낙태 반대 운동. '생명 운동'이라고도 불린다. 여성의 낙태 반대, 태아 살리기를 적극 옹호한다.

뉴트 깅리치가 역설한 '미국과의 계약'. 보수주의적 공약을 입안해 인기를 끌었고, 공화당이 하원 선거에서 40년 만에 승리하는 결과를 낳았다.

했다. 복지 수급자들이 적극적으로 일자리를 찾도록 유도하고, 무임승차를 줄이려는 정책은 '자기 책임'과 '근면'이라는 전통적 도덕관념을 앞세운 것이었다.

'미국과의 계약'을 내세운 공화당은 1994년 중간 선거에서 승리하여 하원 다수당을 차지했다. 깅리치는 1995년부터 하원의장으로서 '미국과의 계약'을 입법화하려는 강력한 보수 개혁을 추진했다. 그는 전통적인 가족·종교적 가치를 옹호하며 기독교 우파와 굳건한 연대를 맺었고, '문화 전쟁'으로 불린 사회적 갈등 속에서 낙태, 성교육, 성소수자의 권리, 학교 교육 내용 등을 둘러싼 보수적 입장을 굳건히 수호했다.

비록 '미국과의 계약'이 흑인과 소수 민족에 대한 직접적인 비판을 노골적으로 내세우지 않았지만 그 밑바닥에는 흑인과 소수 민족, 라틴계 이민자들에 대한 깊은 편견과 불신이 자리잡고 있었다. 이 같은 분위기는 결국 도널드 트럼프가 내세운 '미국을 다시 위대하게' 운동의 보이지 않는 뿌리가 되었다.

공화당의 영웅, 조지 W. 부시의 딜레마

민주당의 빌 클린턴은 1993년 초부터 2001년 초까지 집권하며 경제 성장과 사회 개혁에 힘쓰면서 미국 사회의 진보적 토대를 다지는 데 주력했다. 2000년 대선에서 조지 W. 부시가 승리하며 공화당이 정권을 탈환했고, 보수주의는 다시금 강한 부활의 기운을 맞았다.

다만 부시는 깅리치가 상징하던 공격적이고 급진적인 보수주의와는 분명히 선을 그었다. 그는 온건한 보수주의자로서 극단적 정책들을 전면에 내세우지 않았고, 특히 문화 전쟁 사안에 대해서는 신중한 태도를 보였다. 이 때문에 깅리치를 비롯한 극우 세력은 부시의 당선을 환영하면서도 그가 보수 진영의 기대만큼 강경하지 않다며 아쉬움을 감추지 못했다. 이렇듯 부시 집권에 대한 보수 진영의 반응은 환영과 경계가 뒤섞였다.

부시는 집권 첫 해에 벌어진 9·11 테러로 국가 안보를 최우선 과제로 삼았다. 강경한 대테러 정책을 시행했고, 급진 보수주의자들은 '테러와의 전쟁'을 전폭적으로 지지했다. 미국 애국자법과 같은 법안들은 급진 보수파와 부시 행정부가 긴밀히 협력하는 상징이 되었다.

그럼에도 문화적·도덕적 현안에서 부시는 급진 보수파와 일정한 거리를 두었다. 낙태 금지와 동성 결혼 반대는 급진 보수파의 핵심 요구였으나 부시는 대통령으로서 그들의 법적·정책적 제안에 대해 어느 정도 지지하면서도 직접적인 강경 법안 추진에는 신중한 태도를 견지했다. 부시 행정부는 동성 결혼 문제를 각 주의 결정에 맡기는 입장을 취했고, 낙태 문제 역시 보수 급진파처럼 공격적으로 다루지 않았다.

이는 중도층과 온건 보수층의 지지를 유지하고자 하는 전략적 판단에서 비롯된 것이었다. 전통적으로 보수의 요람인 남부와 중서부 농촌 지역에서는 여전히 강경 보수주의가 뿌리를 내렸지만 대도시와 인구 구성 변화가 빠른 지역에서는 온건 보수층, 중도 우파가 점진적으로 세력을 확장하고 있었기 때문이다. 부시는 온건 보수층을 고려해서 중도적인 입장을 추구하고자 했다.

이 시기, 온건 보수주의자와 급진 보수주의자 간 갈등의 핵심 쟁점 중 하나가 불법 이민 문제였다. 부시는 이민 개혁을 추진하며 합법적인 이민 경로 확대와 함께 불법 이민 단속 강화라는 두 가지 정책을 균형 있게 병행했다. 하지만 이러한 접근은 급진 보수파의 불만을 자아냈다. 이들은 국경 보안 강화와 불법 이민 단속에 훨씬 더 강경한 태도를 보이길 요구해, 보수 진영 내 이민 문제를 둘러싼 분열과 갈등이 점차 깊어졌다.

2007~2008년 금융 위기를 거치며 공화당 내 간극은 더욱 벌어졌다. 중산층이 겪는 고통이 커지자 급진 보수파는 규제 완화와 감세를 통해 경제 성장을 촉진하려 했다. 이들은 정부 개입을 최소화하는 게 성장의 열쇠라 보았다. 반면 온건한 보수주의자들은 금융 위기 이후 불평등과 사회적 고통이 커진 현실을 인정하고, 복지 확대, 저소득층 지원과 같은 포괄적인 성장 전략을 내세웠다. 즉, 시장에 맡기기보다 사회 안전망을 강화하고 중산층 회복에 힘써야 한다고 본 것이다.

금융 위기는 보수 진영 내 글로벌화에 대한 시각도 분열시켰다. 글로벌화가 제조업 일자리 감소와 지역 경제 쇠퇴를 초래했다고 본 급진 보수파는 전통적 미국 산업과 노동자 보호를 강력히 요구했다. 남부와 중서부 농촌 지역에서는 깅리치 스타일의 강경 보수주의가 여전히 견고한 지지층을 유지하며 보호무역주의와 국경 강화, 전통 가치 수호에 몰두했다.

반면 뉴욕, 워싱턴 D.C., 샌프란시스코 같은 대도시와 인구 다양성이 커지는 교외 지역에서는 온건 보수파와 중도 우파가 힘을 얻었다. 이들은 다문화 수용과 경제 실용주의, 국제 협력을 강조하며 급진 보수파와 확실히 차별화된 길을 걸었다.

부시 행정부는 이처럼 복잡한 정치 지형 속에서 급진파와 온건

파의 요구를 조율하려 분투했다. 하지만 급진 보수파의 불만과 온건 보수파와의 갈등은 끊이지 않았다. 결국 2000년대 중반 이후 미국 보수주의는 이민, 경제, 글로벌화 문제로 인해 지역과 인구별로 입장이 크게 엇갈렸고, 부시 행정부의 조율은 오히려 균열과 긴장만 키웠다.

그리고 2008년 흑인 대통령이 당선되자 급진 보수주의자들의 불만과 분노는 폭발 직전이었다. 그들은 새로운 인물과 파격적인 전략을 통해 흔들리는 보수 세력을 하나로 묶고, 급진적 진보의 물결에 맞서 미국을 '다시 위대하게' 만들어야 한다고 믿었다. 도널드 트럼프는 그러한 시대의 흐름을 타고 나타나 새로운 물결을 이루었다.

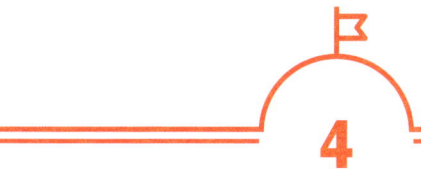

인권 보호와 차별할 권리를 둘러싼 문화 전쟁

1973년 '로 대 웨이드' 대법원 판결은 미국 사회에 깊은 파문을 던졌다. 낙태 권리를 헌법이 보호한다는 선언은 단순한 법리상의 문제가 아니었다. 도덕과 윤리, 삶의 근본 가치에 대한 뜨거운 논쟁의 서막이자 미국을 뒤흔든 문화 전쟁의 불씨였다.

미국의 문화 전쟁은 언제나 남부와 북부, 그 오랜 지역 갈등의 그늘 속에서 발발했다. 도시와 농촌, 보수와 진보가 겹겹이 갈라져 있지만 그 밑바닥에는 남북 전쟁 이전부터 이어져온 문화적 대립이 자리잡고 있다. 노예 제도를 둘러싼 그 뿌리 깊은 남북 지역 갈등이 오늘날까지 이어져온 문화 전쟁의 근본 동력이었다.

'로 대 웨이드' 판결은 특히 남부와 그 정서가 스며든 중서부의 기독교 보수주의자들의 강력한 반발을 불러일으켰다. 이들은 생명권을 최우선 가치로 삼고 전통적 가족, 종교적 신념을 사회의 근간으로 여겼기에 이 판결을 '도덕적 붕괴'로 받아들였다. 낙태 반대 운동은 정치 세력으로 성장하여 공화당과 보수 기독교 세력의 핵심 의제로 덩치를 키웠다.

반면 북동부와 서부, 대도시 지역은 개인의 자유와 권리를 존중하는 진보적 기류가 강했다. 여기서는 여성의 자기 결정권을 옹호하는 목소리가 힘을 얻었고, '로 대 웨이드' 판결은 여성 인권과 사회 진보의 상징으로 받아들여졌다.

이처럼 지역마다 낙태에 대한 시각은 극명하게 갈렸다. '로 대 웨이드' 판결은 단순한 법적 판결을 넘어 미국 사회의 깊은 문화적 분열을 드러내고 그 균열을 굳건히 하는 계기가 되었다. 지역 정서와 정치 정체성이 뒤얽히며 낙태 문제는 미국 문화 전쟁의 중심에 자리잡았다.

여성과 남성의 결합만 인정하는
결혼 방어법

낙태 논쟁에 이어 1990년대부터는 동성 결혼 문제가 본격적으로 문화 전쟁에 가세하면서 사회적 갈등이 한층 더 격렬해졌다. 1993년 하와이 주 대법원이 '배어 대 미이케 Baehr v. Miike' 사건에서 주 정부의 동성 결혼 금지를 위

동성 결혼을 반대하는 시위자.

헌으로 판결하자 판도라의 상자가 열렸다. 전국 각지에서 뜨거운 찬반 논쟁과 격렬한 반발이 일어났다. 동성 결혼 반대자들은 대규모 시위를 벌였고 이에 대응하듯 1996년에 연방 의회는 '연방 결혼 방어법DOMA, Defense of Marriage Act'을 제정해 결혼을 남성과 여성 간의 결합으로 명확히 규정하며, 각 주가 다른 주에서 합법적으로 인정한 동성 결혼을 인정하지 않아도 되는 법적 근거를 마련했다.

이에 맞서 동성 결혼 지지자들은 연방 결혼 방어법이 성소수자에 대한 차별과 낙인을 강화한다며 투쟁을 이어갔다. 이들의 노력은 2008년 캘리포니아 주 대법원의 동성 결혼 합법화 결정으로 이어졌지만 같은 해 11월 '주민 발의안 8'이 통과되면서 다시 무산되었다. 이처럼 동성 결혼 문제는 종교적 신념과 전통적 가치, 시민권과 평등권 사이의 복잡한 갈등으로 번지며 미국 사회를 깊은 혼란과 분열로 이끌었다. 선거철마다 정치인과 정당들은 이 문제를 지지층 결집 수단으로 활용했기 때문에 사회 양극화는 심화되었다.

그럼에도 동성 결혼 합법화에 대한 목소리는 점차 확산되었다. 2011년 뉴욕 주가 동성 결혼을 합법화했고, 2012년에는 미국 제9순회 항소법원이 캘리포니아의 '주민 발의안 8'의 위헌 판결을 유지하며 동성 결혼 지지자들에게 큰 승리를 안겼다. 같은 해 여러 항소법원이 연방 결혼 방어법의 일부 조항을 무효화했고, 버락 오바마 대통령은 현직 대통령 중 처음으로 동성 커플의 결혼할 권리를 공개적으로 지지했다. 2012년 선거에서 메인, 메릴랜드, 워싱턴 등 여러 주에서 동성 결혼 합법화 주민 발의안이 통과되었다. 반대 입장이 강한 주들도 있었지만 점차 동성 결혼을 인정하는 주가 늘어났다.

마침내 2015년 미국 대법원은 '오버거펠 대 호지스 Obergefell v. Hodges' 판결을 통해 동성 결혼을 합법화했다. 이 판결은 수정 헌법 제14조의 평등 보호 조항에 근거한 결정으로, 주별 금지 조항을 모두 철폐하며 오랜 논쟁에 종지부를 찍었다. 하지만 이 승리는 끝이 아닌 새로운 갈등의 출발점이 되었다.

동성 결혼 반대자들은 전통적인 결혼 제도가 위협받았고 종교의 자유가 침해당했다고 강하게 반발했다. 역시 이 반발의 중심에는 남부 기독교 보수주의자들이 있었다. '오버거펠 대 호지스' 판결은 미국 사회 내 문화 전쟁을 한층 더 격렬하게 만들며 법적 합법화 이후에도 사회적 긴장과 분열을 계속 불러일으키는 불씨로 남았다.

'오버거펠 대 호지스' 판결에 대한 반발은 2016년 트럼프의 대통령 당선에 적지 않은 영향을 미쳤다. 트럼프는 동성 결혼에 대해 명확한 입장을 내놓지 않았지만 자신을 "보수주의자이자 기독교인"이라고 표현하며 보수 기독교 진영의 열렬한 지지를 이끌어냈다. 출구 조사 결과, 복음주의 기독교인의 81%가 트럼프를 선택한 것으로 나타났는데 이는 동성 결혼을 둘러싼 사회적 갈등이 그의 승리에 중요한 밑거름이 되었음을 시사한다.

총기 규제는 현실적으로 가능한 일일까?

미국에서 끊임없이 이어지는 총기 난사 사건은 사회 깊숙이 뿌리를 내린 진영 갈등의 또 다른 이슈다. 총기 소유를 옹호하는 이들은 개인의 자유를 가장 중요한 가치로 내세운다. 수정 헌법 제2조가 보장한 무기를 소지할 권리는 그들에게 절대적인 신성함을 지닌다. 총기 규제가 범죄를 막는 데 무력하며, 시민이 스스로를 지킬 권리를 빼앗는 행위라고 믿는다. 농촌과 남부, 보수의 전통이 단단히 박힌 땅에서는 총기 규제 강화를 곧 정체성에 대한 도전으로 여긴다.

반면 진보 진영은 목숨을 앗아가는 총격 참사의 참혹한 현실을 똑바로 마주하자며 규제의 목소리를 더욱 높인다. 그들은 구매자의 배경 조사 강화, 공격용 무기 소유 금지, 총기 판매 제한 등 강력한 법적 조치를 간절히 요구한다.

총기 난사 사건이 터질 때마다 규제 요구는 거세진다. 하지만 연방 차원의 법안이 통과되어도 주마다 엇갈린 규제 법령에 가로막혀 규제를 요구하는 목소리는 힘을 발휘하지 못한다. 예를 들어, 알래스카에서는 허가 없이 총기를 소지할 수 있는 반면 워싱턴 D.C.에서는 엄격한 등록과 제한으로 총기 소유가 강력히 통제된다. 이처럼 각 주마다 규제가 들쭉날쭉하니 미국 내에서 총기 규제에 대한 목소리는 일관된 힘을 갖지 못한다.

또한 전미 총기 협회 NRA, National Rifle Association 의 막강한 권력도 무시할 수 없다. 전미 총기 협회는 거대한 후원금을 쥐고 대통령 선거와 의회 선거에 깊숙이 개입하며, 총기 규제를 반대하는 성향의 정치인들을 지원한다. 그들의 '성적표'는 공화당 내에서 정치 생명과도 같다. 1980년 레이건부터 2016년 트럼프까지, 전미 총기 협회는 공화당 출신 대통령 당선의 숨은 주역이었다.

미국 남부에서 총기 규제를 강하게 반대하는 배경은 그 지역의 깊은 역사와 문화, 그리고 정치적 정체성과 밀접하게 연결되어 있다. 남부는 오랜 기간 농업과 사냥이 일상생활의 중심이었고, 총기는 단순한 무기가 아니라 생존과 자립의 필수 도구였다. 이곳 사람들은 자연과 땅을 지키고, 가족을 보호하며, 스스로의 힘으로 삶을 꾸려가는 문화를 이어왔다. 따라서 총기 소유는 개인의 생존권과 자유를 상징하는 동시에 조상 대대로 내려온 전통과도 직결된다.

더불어 남부는 역사적으로 중앙 정부의 권위에 대한 경계심이 강한 지역이기도 하다. 자유와 자율을 중시하는 보수적 가치관은 총기 소유를 개인 권리의 핵심으로 자리매김하게 했고, 정부의 규제를 '자유 침해'로 해석하는 경향을 강화했다.

2024년 대선에서처럼 경제와 이민 문제, 국가 정체성에 대한 논쟁이 치열할 때 총기는 남부 유권자들에게 자신들의 자유와 전통을 지키려는 상징적 수단이 된다. 결국 총기 규제 반대는 남부의 역사적 경험, 문화적 전통, 정치적 신념이 맞물려 만들어낸 정체성의 핵심축이 된 것이다.

이처럼 총기 규제 반대 운동은 남부 정체성의 정치적 상징이 되었고, '남부 전략'은 미국 정치의 흐름을 바꿔놓았다. 총기 규제 논쟁은 단순한 정책 싸움이 아닌 '미국다움'을 지키는 성스러운 투쟁이 되었다. 이 정신은 트럼프가 '미국을 다시 위대하게'라는 구호를 내세울 때 가장 강력한 정신적 자산이 되어주었다.

더 이상의 '아메리칸 드림'은 없다, 불법 이민 문제

미국은 '이민자의 나라'라는 별칭이 무색하지 않을 만큼 세계 각지에서 온 다양한 사람들이 모여 살아온 나라다. 하지만 그 다양성 뒤에는 언제나 백인 앵글로색슨 기독교 중심의 '토박이주의자'들이 새로운 이민자들을 향해 품어온 차별과 편견이 그림자처럼 따라다녔다. 19세기 중반의 반가톨릭 정서, 19세기 후반의 반중국인과 반멕시코인 정서가 더해지며 사회적 긴장이 고조되었다. 1882년 제정된 '중국인 배척법'은 특정 인종을 대상으로 한 최초의 이민 금지법이었으며, 이로 인해 합법적인 이민 경로가 제한되자 많은 이주자들이 불법적인 방법을 택할 수밖에 없었다.

1924년 '이민법 National Origins Act'이 시행되면서 특정 국가 출신 이민자의 수가 엄격히 제한되었다. 라틴 아메리카와 아시아 출신 이민자들에게 합법적인 이민 문턱은 더욱 높아졌다. 자연스레 불법 이민이 증가하기 시작했지만 미국 경제가 호황을 누리며 저임금 노동자가 필요했던 시기였기 때문에 불법 이민 문제는 사회적 이슈로 크게 부각되지 않았다.

불법 이민이 본격적인 사회 문제로 떠오른 것은 1965년 '이민 및 국적법 Immigration and Nationality Act of 1965'이 제정되면서부터다. 이 법은 기존의 국적별 쿼터제를 폐지하고, 가족 재결합과 고급 인력 위주로 이민 심사 체계를 개편했다. 얼핏 긍정적인 변화처럼 보였지만 사실상 라틴 아메리카와 아시아 출신 이민자들이 합법적으로 미국에 입국할 수 있는 길을 제한하는 결과를 초래했다. 경제적 사정으로 아메리칸 드림을 꿈꾸던 이들은 합법적인 경로를 찾기 어려워졌고, 이에 따라 멕시코를 비롯한 인접 국가의 농업, 건설업, 서비스업 등의 업계에서 저임금 노동자에 대한 수요가 급증하며 불법 이민이 폭발적으로 증가했다.

1970년대부터 불법 이민자 수가 급증했지만 국경 단속은 그 속도를 따라잡지 못했다. 더 나은 삶과 기회를 찾아 미국으로 몰려드는 이민자들과 그로 인한 사회적 긴장과 정치적 갈등은 날로 심화되었다. 1986년 제정된 '이민 개혁 및 통제법IRCA, Immigration Reform and Control Act'은 불법 체류자들에게 합법적인 신분을 부여하는 '포괄적 합법화 프로그램'을 도입하고, 고용주에게 불법 체류자의 고용을 금지하며 위반 시 벌금을 부과하는 조항을 포함했다. 하지만 불법 이민 문제를 근본적으로 해결하지는 못했다. 불법 이민은 단순한 법률 문제를 넘어 경제적 동기와 가족 결합, 정치적·사회적 불안이 얽힌 복합적인 현상으로 남아 있다.

2000년대에 들어서면서 불법 이민 문제는 미국 내 문화 전쟁의 핵심 현안으로 떠올랐다. 특히 남부 지역은 오랜 인종 간 갈등과 차별이 깊게 뿌리내린 곳으로, 새로운 이민자 집단의 등장은 기존의 인종적·문화적 위계 질서에 도전하는 요소로 인식되었다.

경제적으로는 이민자의 값싼 노동력이 필요했지만 동시에 '다른 집단'에 대한 경계와 불신, 경쟁자로 보는 시선이 공존했다. 이민자들이 교육, 복지, 사회 서비스에 부담을 준다는 인식이 퍼지면서 반감은 더욱 커졌고 이는 문화적·사회적 불안감과도 깊이 연결되었다. 게다가 기존의 인종 차별적 정서가 이민자에 대한 편견과 두려움을 증폭시키는 역할을 했다.

남부에서 시작된 반감은 중서부 지역으로 급속히 퍼져나갔다.

한때 제조업의 심장부였던 중서부는 글로벌화와 자동화, 생산 기지의 해외 이전으로 일자리가 급감하며 많은 백인 노동자들이 경제적 불안에 빠진 상황이었다. 이들은 불법 이민자들이 저임금 노동을 하기 때문에 자신의 일자리가 위협받았다고 느꼈고, 이민자를 경쟁자로 인식하면서 반감은 점점 더 깊어졌다. 이 같은 감정을 정치권에서는 적극적으로 이용했다. 중서부 경합주에서는 반이민 정서가 선거의 핵심 쟁점으로 떠올랐다. 이러한 정서를 전략적으로 담아낸 인물이 바로 도널드 트럼프다.

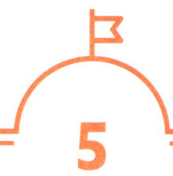

극단으로 치닫는
양극화 현상

　지속된 문화 전쟁은 미국 사회를 점차 깊은 분열과 갈등의 소용돌이로 몰아넣었다. 성소수자의 권리, 낙태 문제, 총기 규제 논쟁은 사회 각계각층에 명확한 균열을 드러냈으며 각 진영은 자신들의 입장을 도덕적 명분이나 자유의 문제로 포장해 상대를 강하게 비판했다.

　복합적인 갈등이 고조되는 가운데, 2001년 9·11 테러가 미국을 강타하며 강력한 애국주의 정서가 일어났다. 이후 2007~2008년 금융 위기는 중산층과 노동계층에 깊은 상처를 남겼고 경제적 불평등은 사회 전반의 불만으로 번져나갔다. 불안정한 상황 속에서 인종 문제는 반복적으로 사회적 긴장을 증폭시키는 요인이 되었다.

#BlackLivesMatter라는 해시태그로 시작해 전국적으로 확대된 사회 운동. 2013년 흑인 청소년 트레이본 마틴이 경찰에 의해 살해되는 사건 이후 시작되었다.

특히 경찰에 의한 흑인 사망 사건들이 잇따르며 '흑인의 생명도 소중하다Black Lives Matter' 운동이 확산되었고, 이는 인종 차별과 경찰 폭력에 대한 사회적 논쟁을 격화시켰다. 반면 일부 보수층은 이 운동을 '사회 혼란 조장'으로 규정하며 반발했다. 진영 간 불신과 갈등은 더욱 깊어졌다.

점점 격화되는
'우리'와 '그들'이라는 이분법

9·11 테러 직후 부시 대통령은 의회에서 "누구든 미국 편에 서지 않으면 그들은 우리의 적이

다"라고 선언했다. 이 말은 미국이 테러와의 전쟁을 선포하는 신호탄이었다. 전 세계 국가들에게 테러 지원을 멈추고 미국과 협력할 것을 요구했다. 미국은 '우리와 그들'이라는 단순한 이분법으로 세상을 나누었다. 하지만 시간이 지나면서 테러와의 전쟁은 실패로 귀결되었고 그 단순한 이분법은 미국 국내 정치에까지 번졌다. 보수와 진보, '우리'와 '그들'의 벽은 더욱 견고해졌다.

진영 간 갈등은 새삼스러운 현상이 아니다. 미국이라는 다문화 사회에서 서로 다른 가치관과 정체성의 충돌은 역사적으로 늘 존재해왔다. 그렇다면 왜 지금, 이 시점에서 갈등이 더욱 격렬해졌는지를 살펴볼 필요가 있다. 그 원인은 소셜 미디어와 온라인 플랫폼이라는 정보 환경의 변화에 있다.

유튜브, 페이스북을 비롯한 다양한 소셜 미디어 공간은 매일 방대한 양의 정보를 쏟아내지만 이 정보는 결코 공평하지 않다. 사람들의 취향과 성향을 파악하는 알고리즘이 작동하면서 개인 맞춤형 정보만을 집중적으로 제공한다. 이 과정에서 사용자는 자신과 비슷한 의견과 신념만 접하게 되고, 자연스럽게 '정보의 거품Filter Bubble' 속에 갇혀 상대방의 관점이나 사실에 대한 균형 잡힌 이해를 하기 어려워진다. 결과적으로 서로 다른 진영은 제각기 더욱 단단한 울타리를 형성하며 소통과 공감 대신 갈등과 분열을 심화시킨다.

그 울타리는 보이지 않는 벽이 되어 사람들을 갈라놓고 서로 마주할 공간을 점점 없앤다. 다른 생각을 마주하기보다 자신의 생각만 되풀이해 듣는다. 그 속에서 가짜 뉴스는 기세등등하게 퍼져나가고, 진실과 거짓의 경계는 흐려진다. 자극적인 제목과 영상들은 사람들의 마음을 단번에 훔쳐간다. 음모론은 단순한 의심을 넘어서 현실을 왜곡하는 짙은 그림자를 드리운다.

그리고 혐오와 극단은 갈수록 증폭되고 있다. 얼굴을 마주하지 않고 키보드 뒤에 숨어 더욱 격렬하게 상대를 공격한다. 그 공격은 의견 차이를 넘어 증오와 분노를 키운다. 소셜 미디어는 소통의 장이 아니라 갈등의 불판이 되었다. 사람들은 점점 극단의 정보만 쫓으며 서로를 이해하지 않고 적으로 규정한다. 그렇게 사회는 깊은 골을 파고, 미국이라는 거대한 사회는 혼란에 빠져 들었다.

이 새로운 흐름을 꿰뚫어보고 그것을 가장 능숙하게 다룬 이는 도널드 트럼프다. 그는 미디어의 파도를 타고 자신의 주장을 반복하며, 사실과 무관하게 상대에 대한 적대와 분노를 부추겼다. 그를 따르는 이들은 쉽고 단단하게 결속되었다. 트럼프는 그러한 면에서 천재다.

불안과 분노의 무대가 된 2016년 선거

다시 한번 설명하겠다. 2015년 돌풍처럼 대통령 출마를 선언한 트럼프는 누구도 쉽게 흉내 낼 수 없는 독특한 행보를 보였다. 그의 출사표는 불법 이민 문제에 집중되어 있었다. 얼핏 미국이 직면한 복잡한 문제들 중 일부에 지나지 않는 좁은 주제처럼 보인다. 경제, 문화, 사회, 정치 전반에 걸쳐 산적한 갈등과 변화가 있었지만 그의 메시지는 단 하나의 이슈에 집요하게 머물렀다.

이례적인 선택이었으나 트럼프는 그 복잡한 갈등의 핵심을 정확히 꿰뚫고 있었다. 미국 사회가 점점 갈라지고, 서로 다른 진영이 첨예하게 대립하는 깊은 균열의 한복판에 바로 불법 이민 문제가 있다고 본 것이다. 더 나아가 그는 이 문제를 통해 균열을 극대화하고, 깊어진 갈등을 바탕으로 자신의 지지층을 단단히 결속시키려는 정치적 전략을 구사했다.

'미국을 다시 위대하게'라는 슬로건은 국경에 장벽을 세우고, 불법 이민자를 추방하며, 범죄와 위협의 원인으로 이들을 내세우겠다는 의미였다. 이 단호한 약속은 남부는 물론, 중서부 공업 지역의 백인 노동자들에게 깊은 울림을 주었다. 그들은 경제적으로는 쇠락과 불안에 시달렸고, 문화적으로는 변화를 두려워했기 때문이다. 트럼프는 그 두려움을 불법 이민자라는 '외부의 위협'으로 구체화했다.

트럼프의 말은 단순하고 직설적이었다. 거칠고 때로는 무례했지만 복잡한 세상사에 지친 사람들에게는 그 단순함이 오히려 위안이 되었다. 그의 말이 논리적인지, 사실에 근거했는지 여부는 중요하지 않았다. 그의 메시지는 소셜 미디어를 타고 빠르게 퍼져나갔고, 전통·주류 언론들이 다루기 꺼렸던 문제들을 대중의 눈앞에 드러냈다. 불법 이민 문제는 단순한 정책 사안이 아니라 대중의 감정을 움직이는 상징이 되었다. 그것은 두려움이자 분노였고, 동시에 희망이기도 했다.

무엇보다 트럼프는 이민 문제를 '국가 정체성'이라는 거대한 논쟁으로 끌어올리는 데 성공했다. 경제가 흔들리고, 제조업이 쇠퇴하며, 세계 초강대국으로서의 위상이 흔들리는 가운데 문화 전쟁은 날이 갈수록 격해졌다. 그러한 상황 속에서 불법 이민은 가장 쉽고, 가장 강력한 해법으로 제시되었다. 모든 문제를 이민 문제 하나로 해결할 수 있다는 그의 외침은 흔들리는 유권자들의 마음을 붙잡았다.

트럼프는 선거에서 중요한 것은 논리보다 감정이라는 사실을 간파했다. '미국을 다시 위대하게' 만드는 열쇠가 불법 이민이라는 논리적 설명은 부차적이었다. 보수층 유권자들은 자신들의 불안과 분노를 하나의 문제로 모으고 그것을 해결함으로써 더 나은 미래를 꿈꿨다. 남부의 백인들, 중서부의 노동자들은 경제적 고통과 문화적 충격 속에서 트럼프의 메시지에 귀를 기울였다.

정치권 밖의 인물이었던 트럼프가 불법 이민을 핵심으로 삼은 전략은 기존 정치인들에게는 낯설고 심지어 당황스러웠을 것이다. 하지만 그는 오랫동안 축적된 워싱턴식 정치에 대한 불신과 반감을 잘 이용할 줄 알았다. 부패하고 무능하다고 여겨진 기성 정치인들과 달리, 그는 '시스템 밖에서 싸우는 사람'으로 자신을 포장했다. 반엘리트 정서는 그를 지지하는 이들의 열망과 맞닿아 있었다. 트럼프는 기존 정치가 닿지 못했던 곳, 사람들이 말하지 못했던 불편한 진실을 들춰내며 유권자의 마음을 사로잡았다.

결국 트럼프의 불법 이민 전략은 경제적·사회적 불안과 기존 정치에 대한 불신이라는 미국 사회의 깊은 상처를 이용한 전략이었다. 강경한 해결책을 내세워 특정 집단의 지지를 극대화했고 감정을 흔드는 방식으로 선거판을 뒤흔들었다. 그 누구도 예상하지 못했던 돌풍의 시작이었다.

미국 민주주의 위기의 날, 1·6 국회 의사당 사태

2021년 1월 6일, 그날은 미국 민주주의의 연약함과 불안정함이 적나라하게 드러난 날이었다. 미국 국회 의사당은 단순한 건축물이 아니다. 그것은 미국 민주주의의 상징이며 국민이 선출한 대표들이 한자리에 모여 법을 제정하고 행정부를 견제하는 신성한 공간이다. 하지만 그 신성한 장소에 트럼프의 지지자들이 들이닥쳤다.

2020년 대선에서 조 바이든이 승리를 거두었다. 트럼프와 그의 지지자들은 '선거가 도둑맞았다'라는 주장을 포기하지 않았다. 법적 다툼과 재검표 요구가 이어졌으나 부정 행위의 증거는 끝내 드러나지 않았다. 그럼에도 그들은 희망을 버리지 않고 '선거 조작'이라는 허위 정보와 음모론을 퍼뜨렸다. 마침내 1월 6일, 의회가 선거인단 투표를 인증하는 순간 그들은 폭력으로 자신들의 주장을 관철하려 했다.

그날 국회 의사당 안팎은 혼돈 그 자체였다. 무장한 채 분노에 휩싸인 그들은 자신들이 정의롭다고 믿으며 폭력을 휘둘렀다. 경찰과의 충돌, 깨진 유리창, 난장판이 된 내부 공간. 의원들은 급히 몸을 숨겼다. 민주주의의 심장부가 무장한 군중에게 위협받는 광경은 전국에 생생히 전달되었고 국민들은 믿기 어려운 현실에 아연실색했다.

트럼프의 태도 역시 논란이 되었다. 폭동 당일 그는 "평화롭게 집으로 돌아가라"는 말을 남겼지만 자신이 부정 선거로 인해 패배했다는 주장을 되풀이했다. 또 지지자들을 '특별한 국민'이라고 칭하며 폭력을 애매하게 옹호하는 듯한 발언도 서슴지 않았다. 적극적인 진압 요구 없이 침묵한 그의 태도는 폭력을 부추기거나 방조했다는 비판을 샀다. 결국 하원은 그를 '의회 폭동 선동' 혐의로 탄핵했다. 하지만 상원에서는 유죄 정족수에 미치지 못해 무죄 판결로 끝났다. 이 과정 역시 미국 사회의 분열을 고스란히 보여주었다.

이번 사태는 민주주의 제도의 취약성을 적나라하게 드러냈다. 수백 년간 이어져온 평화로운 권력 이양의 전통이 한순간에 흔들렸다. 민주주의가 법치주의 위에 서 있다고 믿었지만 그 법치주의가 쉽게 무너질 위험에 처한 것이다. 극단주의 세력이 무력을 휘두르면 민주주의는 쉽게 붕괴할 수 있음을 시사했다.

또한 이 사건은 단순한 폭력 사건을 넘어 정보 왜곡이 사회에 미칠 수 있는 심각한 위험성을 적나라하게 보여주었다. 당시 대선 결과에 대한 근거 없는 부정 선거 주장과 음모론이 불안을 자극하며 극단적인 행동으로 이어졌고 이는 결국 국회 의사당 점거라는 폭력 사태를 유발했다. 소셜 미디어는 허위 정보를 확산시키는 통로가 되었고, 민주주의 사회에서 정보의 진실성과 투명성 확보가 얼마나 중요한지 다시금 일깨웠다.

    1월 6일의 폭동은 먼 과거, 19세기 중반 남북 전쟁 직전 크고 작은 무장 봉기들의 기억을 되살린다. 이 날을 제2의 남북 전쟁 서곡이라 우려하는 사람들도 있지만 이를 과거의 재현으로 치부하기엔 무리가 있다. 법과 제도가 든든히 버티고 있으며, 연방 정부의 군사력은 19세기와는 비교할 수 없을 만큼 강해져 극소수의 극우 세력이나 그에 결속된 일부 주들이 감히 군사적 도발을 감행할 수 없는 상황이다. 극단적인 진영 대립이 과거와 같은 대규모 내전으로 비화할 가능성은 희박하다.

    그럼에도 지금과 남북 전쟁 이전의 상황은 시간과 공간은 다르지만 그 안에 숨겨진 분열·갈등의 뿌리는 같다. 북부와 남부가 노예 제도를 두고 서로 칼끝을 겨루었던 것처럼 2020년 대선 결과를 둘러싼 불신과 허위가 뒤엉켜 민주주의의 심장부를 향해 칼날을 겨누었다. 이 폭동은 그저 일시적인 소요가 아니다. 미국 사회 깊은 곳에 뿌리내린 갈등이 여전히 꿈틀거리고, 그 불씨가 쉽게 꺼지지 않았음을 여실히 드러낸다. 이 사건이 보여준 민주주의의 위기와 사회 분열의 심연은 앞으로도 미국이 넘어야 할 거대한 산임에 분명하다.

5장

트럼프의 미국은
과연 어디로 갈 것인가?

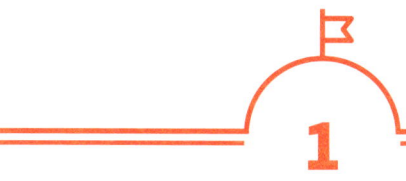

트럼프를 둘러싼 환상과 허상

　이단아란 본래 특정 종교나 신앙 체계 내에서 주류 교리나 전통적 믿음과 현저히 다른 신념을 가진 사람을 지칭한다. 쉽게 말해, '주류에서 벗어난 다른 믿음'을 소유한 사람이다. 어떤 사람이 이단아로 규정되는가는 사회나 종교 공동체의 기준에 따라 달라진다. 하지만 2장에서 살펴본 바와 같이, 미국 건국 이념과 민주주의의 전통을 기준으로 할 때 도널드 트럼프는 분명 이단아라고 볼 수 있다.
　트럼프는 정치적 아웃사이더로서 기존의 정치 시스템과는 전혀 다른 경로로 대통령에 당선되었지만 그 자체가 그를 이단아로 만드는 근거가 되진 않는다. 미국 역사상 기존 정당이나 기성 정치권 밖에서 대통령 선거에 도전한 인물은 여러 명 있었다.

대표적인 인물이 바로 7대 대통령 앤드루 잭슨이다. 잭슨은 정치 엘리트 집단과는 거리가 먼 대중적 인물로 등장해 권력을 잡았다. 16대 대통령 에이브러햄 링컨 역시 전통적인 정치 엘리트 출신은 아니었다. 그는 다른 유력 후보들에 비하면 잘 알려지지 않았던 신참 정치인이었다. 20세기 후반에는 로스 페로가 1992년과 1996년 두 차례 독립 후보로 대선에 출마했다. 사업가 출신으로서 그는 기존 양당 체제를 흔들었다. 특히 1992년 선거에서 무소속으로 19% 이상의 득표를 기록하며 큰 반향을 일으켰다.

트럼프는 이러한 정치적 아웃사이더 출신이라는 연장선에 서 있지만 그가 두 번이나 대통령에 당선되었다는 점과 사업가 출신으로서 대통령이 된 최초 사례라는 점에서 독특하다. 그는 기성 정치권의 전통적 통치 방식을 거부하고 자신만의 방식으로 미국을 재건하겠다고 약속했다. 하지만 그가 이단아인 것은 단지 기성 정치권 출신이 아니기 때문도 아니며, 유권자들의 불신과 포퓰리즘에 기대어 돌풍을 일으켰기 때문만도 아니다.

미국 민주주의의 근간은 '견제와 균형'이라는 원칙에 깊이 뿌리내리고 있다. 이 원칙은 1787년 헌법 제정 이래 미국 정치의 중심축 역할을 해왔다. 역사를 거슬러 올라가면 이 원칙은 수차례 크고 작은 시련을 맞이했다. 잭슨 대통령이 권한을 확대하려 했던 시도, 링컨 대통령이 내전 중 연방 권력을 대폭 강화한 사례, 대공황 시기 루스벨트 대통령이 대통령과 연방 정부의 권한을 넓힌 일들이 대표적이다.

그럼에도 이러한 도전들은 모두 제도적 틀 내에서 해결책을 모색하며 민주주의의 전통을 지켜냈고, 권력의 균형을 재조정하는 과정을 통해 제도의 유연성과 강인함을 동시에 증명했다. 이로써 미국 민주주의는 위기를 극복하며 한층 더 단단한 기반 위에 서게 되었고 권력 남용을 견제하는 시스템의 중요성이 더욱 명확해졌다.

반면 트럼프는 전통적 절차와 규범을 무시하거나 훼손하는 양상을 보였다. 선거 결과에 대한 반복적인 부정 의혹 주장, 국회 의사당 폭동 사태, 언론과 사법부에 대한 공격 등은 미국 민주주의를 지탱하는 체제를 무력화하려는 시도다. 이는 '권력 분립과 상호 견제'라는 미국 민주주의의 근본 원리에 정면으로 반하는 행보였다.

트럼프는 단순히 기존 정치권 밖의 인물인 데서 그치지 않고 헌법 정신과 민주적 전통을 한순간에 무시하고 흔든 인물이다. 과거 '기성 정치권 밖 도전자'들과는 차원이 다른 충격을 주었다. 이 때문에 그는 단순한 이단아가 아닌 현대 미국 민주주의를 가장 심각하게 위협하는 인물로 봐야 한다.

미국 외교 전통을
파기한 이단아

앞선 장에서도 설명한 듯이 트럼프는 미국 외교 정책의 전통을 벗어난 이단아라고 할 만하다. 1945년 이후 미국이 주도해온 개방적이고 규칙에 기반한 국제 질서를 근본부터 뒤흔들며, 다자주의와 국제 협력의 틀을 거부하는 방향으로 나아갔다. 비록 결함이 존재했지만 다자주의 체제는 수십 년간 핵무기 통제부터 인도주의적 지원에 이르기까지 세계 질서를 유지하는 글로벌 거버넌스의 초석이었다. 트럼프의 외교 노선은 미국이 오랫동안 짊어져온 글로벌 리더십과 책임을 사실상 포기하는 행보로, 진주만 공습이나 9·11 테러에 대응한 이래 보기 드문 급격한 외교 정책의 전환점으로 기록된다.

트럼프 1기 행정부는 국제법과 다자간 협약에 대해 회의적이고 방어적인 태도를 보였다. 2017년 파리기후협약 탈퇴를 공식 선언했고, 2020년에는 세계보건기구 탈퇴 절차를 개시했다. 트럼프는 이러한 국제 기구들이 미국의 이익을 충분히 반영하지 못한다고 판단했으며 '미국 우선주의' 정책 기조에 따라 다자간 협약에서 철수를 추진했다.

2기 집권 초반에는 미국이 소속된 다자간 기관과 국제 조약에 대한 포괄적 검토를 지시해 탈퇴할 기관과 조약을 선정하도록 했다. 국제연합 인권이사회 탈퇴, 유네스코 회원국 지위 재검토, 팔레스타인 난민 지원 중단 등 즉각적인 조치가 이루어졌다. 일부 전문가들은 미국이 수백 개의 조약과 다자간 기구에서 철수할 가능성을 제기하며 이로 인해 전 세계의 평화와 협력 체계가 위협받을 수 있다고 우려하는 중이다.

게다가 트럼프는 동맹에 대한 경시와 압박을 가했다. 그는 동맹국들이 방위비를 더 많이 부담해야 한다며, 미국이 북대서양조약기구를 경제적으로 지나치게 부담하고 있다는 입장을 여러 차례 밝혔다. 이러한 태도는 전통적인 서구 민주주의 국가들과의 연대에 긴장을 불러왔고 동맹국들의 불안과 불신을 키우는 결과를 낳았다.

이는 냉전 이후 안정적으로 유지되어온 안보 체제에 균열을 가하는 신호로 받아들여지고 있다. 이러한 변화는 지역적 차원에 머무르지 않고, 미국 중심의 국제 질서에 상당한 충격을 주었다. 미국이 전통적 동맹에 덜 의존하자 중간 강국들이 자체적으로 안보 전략과 외교적 입지를 확대하면서 다극화된 세계 질서의 분열이 가속화된 셈이다.

독일은 미국의 핵우산 제공에 대한 불확실성에 대응해 자체적으로 핵무기 공유 협력 강화 논의를 재개했고, 프랑스는 유럽 안보와 방위에 더 독립적인 역할을 하겠다는 의지를 드러냈다. 이 과정에서 유럽연합 차원의 방위 협력 강화 움직임도 활발해졌다. 결과적으로 이는 글로벌 권력 균형의 변화를 촉진하며 전통적인 서구 주도의 국제 질서에 도전하는 새로운 역학 관계를 만들었다.

또한 트럼프는 거래 중심적이고 제로섬적으로 외교력을 행사하고 있다. 이는 권력이 집단적 기관이나 공유된 규칙이 아닌 양자 간 강압과 협상을 통해 행사되는 행위로, 미국 외교 전통에서 찾아보기 힘든 전략이다. 이러한 접근 방식은 이미 취약한 글로벌 질서의 분열을 가속화할 위험이 있으며 지정학적 긴장과 기후 변화를 악화시키고, 기술적 변화가 공동 대응을 요구하는 시점에 협력을 약화시킬 수 있다.

트럼프의 외교 정책은 마치 미국이 스스로 만들어온 세계 질서로부터 독립을 선언하는 듯한 성격을 띠고 있다. 얼핏 이는 건국 초기 지도자들이 추구했던 고립주의 외교의 부활로, 건국 이념으로의 회귀로 해석될 수 있다. 하지만 먼로주의로 대표되던 미국 초기의 외교 원칙은 20세기에 접어들며 자연스럽게 사라졌고, 대신 트루먼 독트린이 상징하는 개입주의가 그 자리를 차지했다. 2차 세계대전 이후 미국은 세계 질서의 중심에 자리하며 팍스 아메리카나 Pax Americana 를 구축했다.

9·11 테러 이후 팍스 아메리카나가 흔들린 사실은 부인할 수 없지만 세계는 여전히 미국을 중심으로 움직인다. 이 질서는 수많은 변화와 도전에 직면해 있으나 20세기 초반의 혼란과 비극에 비하면 비교적 안정된 궤도를 유지하는 중이다. 트럼프가 불러온 변화가 세계에 어떤 영향을 미칠지, 이에 대한 저항과 대응이 어떻게 전개될지는 아직 예단하기 어렵다. 분명한 점은 미국과 세계가 지금까지 경험한 그 어느 때보다 심각한 도전에 직면해 있다는 사실이다.

자유무역 전통을
파기한 이단아

트럼프는 미국의 자유무역 전통을 깨뜨렸다. 미국은 오랫동안 자유무역 원칙에 기반한 무역 체제 아래 경제를 성장시켜왔다. 이 체제는 각국이 자신이 가장 효율적으로 생산할 수 있는 상품에 집중하고, 이를 교환함으로써 경제의 효율성을 극대화하는 데 초점을 맞췄다.

무역 적자가 반드시 경제에 부정적 영향을 미친다는 주장은 경제학 이론과 과거 미국 경제 사례를 보면 설득력이 떨어진다. 예컨대, 1980년대 레이건 행정부 기간에도 미국은 상당한 무역 적자를 기록했지만 국내총생산 성장률은 꾸준히 유지되었고 고용도 증가했다. 이는 무역 적자가 그저 나쁜 신호가 아니라 투자와 소비 패턴, 환율, 경제 구조 변화 등 복합적인 요인과 맞물려 나타나는 현상임을 뜻한다.

트럼프 1기 행정부는 무역 적자를 줄이기 위해 중국을 비롯한 주요 교역국에 고율 관세를 부과하는 강경한 무역 정책을 펼쳤다. 제조업 일자리 회복과 무역 불균형 해소를 목표로 했지만 실제 결과는 달랐다. 제조업 생산량은 자동화와 기술 혁신 덕분에 일부 회복됐으나 제조업 고용은 계속 감소했다.

이는 고용 감소가 무역 적자 때문이 아니라, 생산 과정의 기계화와 효율화에 따른 노동력 대체 현상임을 의미한다. 높은 관세와 무역 긴장은 농업과 일부 제조업 분야에 비용 부담을 가중시키고, 글로벌 공급망에 혼란을 일으켜 경제 전반에 불확실성을 키웠다. 따라서 트럼프 정부의 무역 적자 해소 전략은 제조업 고용 문제의 근본적인 해결책이 되지 못했다는 평가가 많다.

트럼프가 제조업 부활과 무역 불균형 해소를 강조한 데에는 중국의 영향이 크다. 중국은 1970년대 후반부터 시장 개혁, 산업 단지 조성, 노동력과 인프라에 대한 전략적 투자를 결합하면서 제조업 강국으로 급부상했다. 미국이 단기간에 모방하기 어려운 성공 사례다. 이러한 현실을 감안할 때 미국은 단순히 전통적인 제조업을 부활시키기보다 혁신과 연구 개발에 집중하면서 멕시코, 인도 등의 국가들과 협력해 다각적인 글로벌 공급망을 구축하는 방향으로 전략을 전환해야 한다.

이와 같은 전략적 전환은 단순한 제조업 복원이 아닌 미래 산업 경쟁력 확보를 위한 필수 과제로 떠오르고 있다. 특히 첨단 기술 분야에서의 혁신은 미국 경제의 지속 가능성을 좌우할 핵심 요소다. 글로벌 공급망 다변화는 무역 리스크를 줄이고, 지정학적 긴장 상황에도 안정적인 생산과 유통을 보장할 수 있는 방안으로 평가받는다. 따라서 미국은 기술 혁신과 국제 협력을 통한 균형 잡힌 경제 성장을 도모해야 하며 이를 위해 정부 차원의 적극적인 지원과 민간 부문의 유기적 협력이 필요하다.

실제로 미국 정부가 반도체 산업의 국내 생산과 연구 개발을 촉진하기 위해 만든 칩스법CHIPS and Science Act•은 공화당, 민주당 양당 모두의 지지를 받고 있다. 하지만 이러한 노력도 고임금 노동력과 자동화 시대라는 변화에 맞춰 고기술·고부가 가치 산업 중심으로 제조업 구조를 재편하는 과제를 반드시 함께 해결해야 한다.

- 미국 반도체 및 과학법. 2022년 발효되어 미국의 첨단 반도체 생산 역량 복구를 가속화한 정책이다.

예를 들어, 인텔은 이 법안 지원을 받아 애리조나에 첨단 반도체 제조 시설을 건설 중이다. 이 공장은 전통적인 대규모 조립 라인보다는 자동화와 로봇 기술을 적극 도입해 적은 인원으로도 높은 생산성을 낼 수 있도록 설계되었다. 이처럼 미국 제조업의 부흥은 옛날처럼 수많은 노동자가 한 줄로 서서 조립하는 시대가 아니라 고도의 기술과 자동화가 결합된 새로운 형태를 의미한다. 과거의 대규모 조립 라인 위주의 제조업 일자리는 다시 돌아오지 않으며 미국이 경쟁력을 유지하려면 새로운 산업 패러다임에 맞는 전략적 접근이 필수적이다.

높은 관세와 보호주의 정책은 때때로 미국 내 산업에 단기적 도움을 줄 수 있지만 진짜 지속 가능한 제조업의 성장은 기술 혁신과 숙련된 인력, 글로벌 공급망과의 협력이 뒷받침될 때 가능하다. 트럼프가 단순히 국경을 닫고 보호주의에만 집중하면 이러한 글로벌 협력 관계가 약해지고 오히려 경쟁력이 떨어질 것이다. 미국 국민 모두가 혜택을 누릴 수 있는 균형 잡힌 경제 발전을 위해서는 과거의 산업 시대에 대한 막연한 향수를 버리고, 냉철하고 현실적인 전략이 절실하다.

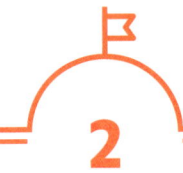

꺼지지 않는 불씨, 진영 갈등은 어떻게 전개될까?

미국의 역사는 진영 간 갈등의 궤적이라 해도 과언이 아니다. 이 갈등은 오늘날 갑자기 생겨난 것이 아니다. 13개의 식민지가 하나로 모이면서부터 시작되었다. 복잡하게 얽힌 이해관계와 지역적 특성은 분열을 낳았다. 서로 다른 땅과 문화, 깊게 뿌리내린 차이점은 공통된 가치관의 형성을 가로막았다. 시간이 흐르며 그 갈등은 남과 북이라는 두 진영으로 굳어졌고, 마침내 1861년 피로 얼룩진 남북 전쟁이라는 비극으로 폭발했다.

19세기 내내 미국은 백인 앵글로색슨 기독교인과 그 외 민족 사이에 깊은 간극을 유지했다. 이 간극은 곧 보수와 진보의 대결이었다. 선거철이면 이 갈등은 표면으로 떠올라 미국 사회와 정치를 갈라놓았다. 남북 간 지역 갈등은 진영 대립의 중심에 놓여 있었다. 비록 남부가 남북 전쟁에서 패배했지만 그들의 문화적 정체성은 흔들리지 않았다. 남부 사람들의 북부에 대한 그리고 보수적인 남부 기독교인들의 진보적인 북부에 대한 감정은 깊고도 어두웠다. 그 감정은 미국 사회를 갈라놓는 뿌리 깊은 균열이었다.

20세기 초, 미국은 오래된 갈등의 골을 메우려는 시도를 꾀했다. 그동안 쌓여온 진영 다툼과 지역 간 분열을 뛰어넘어 나라를 하나로 묶으려는 움직임이었다. 시어도어 루스벨트와 우드로 윌슨 같은 대통령들은 혁신주의라는 깃발 아래, 미국 사회의 갈등과 혼란을 가라앉히고 새로운 질서를 세우고자 했다.

부패한 정치와 경제적 불평등을 바로잡으려 했고, 국민들이 서로 다른 배경에도 불구하고 함께 나아갈 길을 찾도록 이끌었다. 하지만 이 겉으로 드러난 변화 뒤에는 여전히 깊은 감정의 골이 있었다. 보수 진영의 뿌리 깊은 증오와 분노는 완전히 사라지지 않았다. 그들은 혁신주의 물결에 일시적으로 잠잠해진 듯 보였지만 증오와 분노를 여전히 마음속 깊은 곳에 품고 있었다. 표면 아래에 잠복해 있던 불씨는 언제든 새로운 갈등과 분열을 불러일으킬 준비를 하고 있었다. 언제든 기회가 오면 그 불길은 다시 타오를 것이었다.

20세기 후반 불길은 다시 맹렬히 타올랐다. 민권 운동과 베트남 전쟁이 남긴 분열은 레이건 시대의 문화 전쟁을 거치고 1990년대까지 이어지며 더욱 깊어졌다. 쇠락하는 산업과 줄어드는 일자리는 중산층의 삶을 뒤흔들었고, 그 불안은 차곡차곡 쌓여 분노가 되어 각자의 진영을 더욱 견고히 만들었다.

미디어는 이 갈등에 기름을 부었고, 케이블 뉴스와 인터넷이라는 정보의 거울은 사람들을 자기 생각에만 갇히게 만들었다. 서로 다른 목소리는 이제 적대감으로 바뀌었고 이해는 점점 더 요원해졌다. 정치인들은 이 틈을 놓치지 않았다. 감정과 분노를 앞세워, 이념과 정체성을 무기로 삼아, 지지층을 결집시키는 전략은 미국 사회를 더욱 분열시켰다.

그 한가운데에 트럼프가 있었다. 그는 진영 갈등을 정치적 자산으로 삼아 권력을 잡았고, 그 불길을 더욱 키우며 지지 기반을 확장하고자 했다. 미국 역사 속에서 갈등은 늘 존재했지만 민주주의의 가치와 전통을 지키려는 지도자들, 시민들의 노력이 그 불씨를 꺼뜨리곤 했다.

미국의 진영 갈등은 사회 전반에 깊이 뿌리내렸다. 사그라들지 않을 것이다. 변화와 불안, 서로에 대한 불신이 뒤섞인 가운데 이를 부추기고 이용하는 정치인들이 계속 등장하고 새로운 미디어 환경이 여론을 주도하는 한 진영 갈등은 더욱 심해질 가능성이 크다.

**위기와 영웅,
반복되는 진영 갈등의 역사**

미 연방은 시작부터 경제, 인종, 정치 이념이 서로 뒤엉키며 정치적 양극화가 심했다. 남북 전쟁이라는 위기가 링컨이라는 영웅을 탄생시켰지만 그가 남부까지 포함해서 진정한 미국의 영웅이 되기까지는 100년이 넘는 오랜 시간이 걸렸다. 그 기간 동안 남과 북이라는 지역에 근거한 진영 갈등은 수그러들지 않았고, 사실상 더욱 악화되고 있었다. 전쟁에 패한 남부 사람들이 품은 심리적 박탈감과 분노는 이후 진영 갈등의 근원이 되었다.

미국에 또 한 번의 깊은 시련을 안긴 1930년대의 대공황. 루스벨트는 뉴딜 정책으로 경제 회복과 사회 안전망 구축에 힘썼고, 많은 이들에게 희망의 빛을 비추었다. 그도 국민 영웅으로 떠올랐지만 남부의 보수층과 기업가, 일부 북부 보수 세력의 강한 반발을 불러일으켰다. 뉴딜 정책이 흑인과 백인 노동자 모두를 아우르려 시도했기에 남부의 엄격한 인종 분리 정책과 정면으로 충돌하면서 남북 간 갈등을 한층 격화시켰기 때문이다. 또한 연방 정부의 강력한 개입은 전통적으로 작은 정부를 선호하던 남부와 백인 보수층에게 위협으로 다가와 진영 간 분열의 골을 깊게 팠다. 뉴딜 정책은 구원 투수면서 동시에 미국 사회의 진영 갈등을 더욱 부채질한 역사적 분기점이기도 했다.

1994년 뉴트 깅리치가 이끈 '미국과의 계약'도 진영 갈등을 악화시켰다. 이 보수적 정책 집합은 세금 감면, 정부 규모 축소, 복지 개혁 등을 핵심으로 하는데 민주당과 진보 진영은 이를 강한 도전으로 느꼈다. 복지 축소와 사회 프로그램 삭감은 저소득층과 진보 지지자들의 반발을 키웠고, 깅리치의 공격적인 정치 스타일은 의회

내 갈등을 부추겼다. '미국과의 계약'은 보수주의자들에겐 정치적 승리였지만 동시에 사회와 정치 내 진영 분열의 증폭기로 작용했다.

오바마 대통령은 미국 다문화주의 역사에 굵직한 이정표를 세웠다. 최초의 흑인 대통령으로서 그는 오랜 세월 이어져온 인종 갈등과 편견의 벽을 상징적으로 허물었으며, 많은 이들의 마음속에 영웅으로 남았다. 하지만 그는 진보 진영의 상징적 영웅이었을 뿐이다. 그의 당선은 보수 진영에 강한 반발과 저항을 불러일으켰고 특히 보수층과 일부 공화당원, 보수 매체들은 개인적인 공격과 음모론까지 퍼뜨리며 정치적 정당성을 흔들려 애썼다.

오바마케어가 추진되면서 공화당과 보수층의 반발이 극심해졌다. 이들은 법안 내용에 대해 토론하기보다는 "정부가 개인의 선택권을 빼앗는다"라는 감정적 메시지를 집중적으로 내면서 지지를 얻으려 했다. 보수 매체들은 오바마케어를 '사회주의적 정책' 혹은 '좌파 정책'이라 부르며 공포심을 자극했고, 이러한 분위기는 정책 내용 자체보다는 진영 간 갈등과 분열을 부추기는 역할을 했다.

이러한 반오바마 운동은 오바마의 정책에 대한 비판이기도 했지만 근저에는 인종 차별적 편견이 깊게 깔려 있었다. 오바마가 당선된 역사적 의미가 일부 진영에게는 받아들이기 힘든 변화로 작용했고, 진영 갈등과 정치적 분열을 심화시키는 계기가 되었다. 결국 오바마의 등장은 미국 정치에서 정책을 둘러싼 대화보다는 진영 간 감정 싸움의 상징처럼 자리잡게 된 것이다.

진영 간 감정 싸움의
중심에 선 트럼프

오바마 대통령에 대한 보수 진영의 반발, 그 속에 숨어 있던 심리적 박탈감과 증오를 꿰뚫어본 트럼프, 2011년부터 그는 '오바마는 미국 태생이 아니다'라는 허위 의혹을 퍼뜨렸다. 근거 없는 소문에 불과했지만 일부 보수 진영 지지자들 사이에서 의혹은 불씨처럼 번져나갔다.

오바마가 이미 하와이 출생 증명서를 내놓았음에도 트럼프는 의혹을 계속 부풀렸다. '오바마는 합법적인 대통령이 아니다'라는 불신이 보수층에 깊숙이 자리잡았다. 트럼프는 이 논란을 정치적 무기로 삼아 자신의 이름을 알리고, 보수층의 지지를 한몸에 받기 시작했다. 그 과정에서 인종적 편견과 감정의 골은 더욱 깊어졌다.

2016년 대선이 다가올수록 출생 논쟁은 단순한 의혹 이상의 역할을 했다. 트럼프는 보수층의 결집을 이끌며 미국 사회의 진영 갈등을 부채질했다. 이 논쟁은 오바마에 대한 인종적 편견과 정치적 반감이 뒤섞인 감정의 폭발로 이어졌다.

트럼프는 또 다른 불안을 건드렸다. 오바마 정부에 대한 불신과 경제적 불안, 일자리 감소, 범죄 증가, 사회 복지 부담과 같은 문제들을 '불법 이민'에 연결시키며 지지층을 결집시킨 것이다. 물론 이민 문제는 복잡하고 다층적이지만 트럼프는 이를 모든 문제의 뿌리로 단순화했다. 그는 '법과 질서'와 '국가 안보 강화'를 내세우며 강경한 이미지를 구축했고, 그게 그의 핵심 지지층을 하나로 묶는 힘이 되었다.

트럼프가 나타나기 전 미국인들이 가장 두려워한 대상은 중국이었다. 무역 불공정, 산업 스파이, 지적 재산권 침해와 같은 문제들이 미국 내 제조업 일자리 감소와 맞물리며 반중 정서를 키웠다. 코로나19 팬데믹이 시작되면서 중국이 이 위기의 진원지라는 믿음은 반중 감정을 폭발시켰다.

이에 트럼프는 2016년 '미국 우선주의'와 '무역 불공정 타파'를 내걸었다. 중국에 대한 경계심을 부추기고, 미국 내 불안과 불만을 정치적 자산으로 삼으려는 계산된 전략이었다. 트럼프 1기 시작부터 트럼프는 무역 전쟁이라고 불릴 만큼 강도 높은 관세를 부과하면서 중국을 압박했다. 이 정책은 미국 내 반중 정서와 경제적 불만을 반영한 동시에, 글로벌 무역 질서를 재편하려는 의도도 담고 있었다.

2024년 대선에서도 트럼프는 미국인의 불안, 불신, 분노를 부채질하며 지지 기반을 다졌다. 이제 미국 정치는 논리와 정책보다는 감정, 특히 특정 집단에 대한 증오를 토대로 움직인다. 그리고 그 중심에 도널드 트럼프가 서 있다. 이 흐름이 미국 민주주의의 새로운 표준이 될지, 아니면 한 시절의 소용돌이로 끝날지는 시간이 말해줄 것이다.

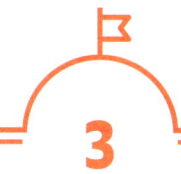

3

트럼프는 미국의 히틀러가 될까?

트럼프의 독선적인 행보와 정책들로 인해 미국 내에서는 민주주의가 돌이킬 수 없는 퇴보를 겪고 있다는 우려가 널리 퍼지고 있다. 나아가 그가 히틀러와 같은 독재자가 될지 모른다는 걱정도 적지 않다. 과연 트럼프가 히틀러 같은 독재자가 될까? 결론부터 말하자면 다행히도 그럴 가능성은 거의 없다.

그가 독재자가 될 수 없는 몇 가지 이유가 있다. 첫째, 미국 헌법이 보장하는 '표현의 자유'는 언론과 개인이 정부 정책이나 지도자를 공개적으로 비판할 수 있는 토대를 마련한다. 예를 들어, 워터게이트 사건 당시 언론의 끈질긴 보도는 닉슨 대통령의 권력 남용을 폭로하며 결국 사임으로 이끌었다. 둘째, 건국 초기부터 확립된 '견제와 균형'의 원칙은 의회, 행정부, 사법부가 서로의 권한을 감시하고 제한함으로써 어느 권력 기관도 과도하게 힘을 갖지 못하도록 막는다. 대법원의 판결이나 의회의 탄핵권 행사는 이러한 제도의 구체적인 사례다. 마지막으로, 미국 내에는 내부 고발자가 조직의 부패나 불법 행위를 폭로하는 전통이 강하게 자리잡고 있다. 에드워드 스노든의 국가안보국NSA 감시 프로그램 폭로처럼, 이러한 고발은 권력의 투명성을 높이고 시민의 알 권리를 보호하는 역할을 한다.

이와 함께 미국 사회 전반에 깊게 뿌리내린 시민 의식도 독재를 막는 중요한 힘이다. 다양한 사회 단체와 시민이 적극적으로 정치에 참여하며 부당한 권력 행사를 견제한다. 선거를 통한 권력 교체가 정기적으로 이루어지고, 주와 지방 정부가 독립적인 권한을 행사하면서 중앙 정부의 권력 집중을 방지하는 구조 역시 견고하다. 이러한 다층적인 시스템과 활발한 시민 참여가 맞물려, 단 한 사람의 권력이 무한대로 커지는 것을 방지한다.

수정 헌법 제1조, '표현의 자유'라는 장벽

미국인들은 헌법이 보장하는 표현의 자유를 생명처럼 소중히 생각한다. 수정 헌법 제1조에 명시된 표현의 자유, 종교의 자유, 언론의 자유는 미국 민주주의를 지키는 가장 견고한 장벽으로 여겨진다.

미국 역사의 중심에는 언제나 언론의 자유가 있었다. 민주주의라는 큰 틀을 버티는 단단한 버팀목처럼 이 권리는 건국 초기부터 굳건하게 지켜져왔다. 2대 대통령인 존 애덤스 시절, '외국인 및 반역법'이라는 이름 아래 권력은 언론에 손을 뻗었지만 거센 반발에 부딪혔다. 토머스 제퍼슨과 제임스 매디슨은 이 법이 표현의 자유를 짓밟는다고 맞섰고 결국 권력과 자유 사이의 경계선을 분명히 그었다.

20세기 초 1차 세계 대전의 긴장 속에서 또다시 '반역법'이 등장했다. 국가 안보라는 명분 아래 비판은 억눌렸고 수많은 이들이 목소리를 잃었다. 하지만 언론은 침묵하지 않았다. 전쟁이 끝나자 이 억압의 법은 힘을 잃었다. 그 순간은 자유와 권력 사이의 끝없는 줄다리기 중 하나로 기록되었다.

1971년 뉴욕타임스가 베트남 전쟁의 비밀을 담은 '펜타곤 페이퍼 The Pentagon Papers•'를 세상에 내놓았다. 정부가 감춘 진실은 국민을 들쑤셨고, 결국 법정에선 언론의 손을 들어줬다. 언론이 국가 권력 앞에서도 물러서지 않는다는 강렬한 신호였다.

- 1945~1968년 인도차이나에서 벌어진 전쟁에서 미국이 어떤 역할을 했는지 기록된 최고 기밀 보고서. 뉴욕타임스는 리처드 닉슨 대통령이 재임 중일 때 이 보고서 내용에 관한 연재 기사를 싣기 시작했고, 연방 정부는 보도 금지 명령을 내렸다. 법적 분쟁으로 번졌으나 연방 대법원은 뉴욕타임스에 이 보고서를 공표할 권리 즉, 언론의 자유가 있다는 판결을 내렸다.

트럼프는 언론과 빈번히 갈등을 빚으며 비판적인 보도에 공격적인 반응을 보였다. 이러한 태도는 언론과의 협력 관계를 형성하기 어렵게 만들며, 언론을 통한 여론 조작이나 통제가 필수적인 반민주주의 체제 구축에 큰 장애물이 된다. 미국 사회에 깊이 뿌리내린 언론의 자유는 그가 꿈꾸는 반민주주의적 체제를 가로막는 견고한 장벽이다. 그가 이 장벽을 넘어설 가능성은 적어도 지금으로선 희박해 보인다.

'견제와 균형'의 원칙이라는 굳건한 기둥

트럼프가 히틀러와 같은 독재자가 될 수 없는 두 번째 이유는 '견제와 균형'에 입각한 미국 헌법의 근본 정신 때문이다. 대통령이 행정부를 장악하더라도, 입법부와 사법부의 견제를 완전히 벗어날 수는 없다.

미국 역사에서 행정부의 권력이 가장 강력했던 시기 중 하나는 루스벨트 대통령 시절이다. 대공황과 2차 세계 대전이라는 국가적 위기 속에서 루스벨트는 뉴딜 정책과 전시 경제 동원으로 행정부의 권한을 대폭 확장했다. 특히 뉴딜 정책을 추진하며 수많은 행정 기관을 신설하고 연방 정부의 역할을 크게 강화했다. 하지만 입법부와 사법부의 반발로 행정부의 권한은 절제되었다. 미국 역사상 가장 강력한 행정부 시절에도 '견제와 균형'의 원칙이 지켜진 것이다.

트럼프 행정부 역시 이러한 헌법적 견제 장치에 직면했다. 대표적으로 사법부는 트럼프의 정책과 행정 명령에 제동을 걸었다. 트럼프가 추진한 무슬림 국가 출신자에 대한 입국 금지 조치는 연방 법원에서 여러 차례 제동을 당하며 수정되거나 일시 중단되었다. 또한 의회는 탄핵 절차를 통해 대통령 권력 남용과 의회 방해 혐의를 엄중히 심사했다. 이는 입법부가 행정부를 견제하는 강력한 조직임을 보여준다. 이처럼 미국의 입법부와 사법부는 대통령 권력의 일방적인 확장을 막아내는 데 중요한 역할을 수행하며 '견제와 균형' 원칙이 견고하게 작동함을 증명했다.

'견제와 균형'의 또 다른 축은 연방 정부와 주 정부 사이의 미묘한 권력 다툼에서 잘 드러난다. 미국 역사를 통틀어 이 문제는 늘 그랬듯 끈질기게 이어져왔다. 트럼프 1기 시절에도 이 갈등은 다시 모습을 드러냈다. 그는 불법 이민자 신속 추방을 공약으로 내세우고, 행정 명령으로 이를 밀어붙이려 했지만 캘리포니아를 비롯한 몇몇 주는 단호히 거부했다. 캘리포니아는 합법적 절차 없는 무분별한 추방은 인권을 짓밟는 일이며 헌법 정신에도 어긋난다며 맞섰다. 트럼프는 캘리포니아를 연방 대법원에 제소했고, 주 정부는 수정 헌법 제10조를 근거로 연방 정부 권력 행사의 위법성을 주장했다. 이 조항은 특별한 제한이 없는 한 권력은 주와 주민에게 있다고 명확히 말한다. 결국 트럼프는 재임 내내 그가 밀어붙이려던 신속 추방 정책을 제대로 실행하지 못했다.

미국은 위기 때마다 행정부의 권력이 커지는 경향을 보여왔다.

그리고 그럴 때마다 헌법 해석을 둘러싼 논쟁은 끊이지 않았다. 헌법은 명확한 답을 주지 않고, 상황에 따라 해석이 달라지며 혼란을 낳기도 했다. 특히 연방 정부와 주 정부 사이의 긴장은 미국 민주주의의 복잡성을 키웠다. 그럼에도 '견제와 균형'의 원칙은 독재를 막고 민주주의를 지키는 든든한 기둥으로 남았다.

불의에 저항하는
'내부 고발자'라는 전통

트럼프가 독재자가 될 수 없는 세 번째 이유는 미국의 견고한 관료 문화에 있다. 대통령이라고 해도 헌법 정신이나 자유를 침해하는 명령에는 각료와 고위 공무원들이 무조건 따르지 않는다. 오히려 공개적으로 반기를 들고 저항하는 게 일상적이다. 이를 '휘슬 블로어 Whistle Blower'라고 한다. 우리말로는 '내부 고발자'라고 부른다.

트럼프 임기 동안 내부 고발자들의 용기가 그를 탄핵 심판대에 세웠다. 2019년 7월 백악관 국가안전보장회의 NSC의 선임 보좌관 알렉산더 빈드만은 트럼프가 우크라이나 대통령에게 조 바이든의 아들에 대한 조사를 압박했다는 사실을 폭로했다. 이 사건이 권력 남용과 의회 방해 혐의로 이어져 탄핵 절차가 시작되었다. 상원에서 다수였던 공화당의 힘에 밀려 탄핵은 무산됐지만 이 사건은 미국 정치사에 깊은 상처를 남기며 트럼프의 정치적 흑역사가 되었다.

미국 역사에서 내부 고발 사건 중 가장 유명한 사건은 앞서 간략히 언급했던 1972년 워터게이트 스캔들이다. 미국 연방수사국FBI 부국장 마크 펠트는 대통령 선거를 앞두고 민주당 본부가 있던 워터게이트 호텔에 도청 장치가 설치된 사실을 언론에 알렸다. 닉슨 행정부가 선거에 개입하고 권력을 남용했다는 의혹은 미국 사회를 뒤흔들었다. 결국 닉슨은 의회의 탄핵 조사에 직면했고 법무 장관과 차관까지 대통령 편을 떠났다. 연이은 내부 붕괴와 정치적 압박 속에 닉슨은 1974년 스스로 대통령직에서 물러났다. 미국 역사상 처음으로 자진 사퇴한 대통령이었다.

1971년 다니엘 엘스버그가 국방부 기밀 문서인 '펜타곤 페이퍼'를 뉴욕타임스에 공개한 사건도 빼놓을 수 없다. 이 문서는 베트남 전쟁 초기부터 미국 정부가 참상과 실패 가능성을 은폐해왔다는 사실을 폭로했다. 존슨과 닉슨 행정부가 국민, 의회를 속이며 전쟁을 확대했다는 충격적인 내용이었다. 닉슨 행정부는 언론을 압박했지만 대법원은 언론의 자유와 내부 고발의 가치를 인정하는 판결을 내렸다. 이 사건은 대통령 개인의 권한 남용에 대한 내용은 아니었지만 권력 기관이 국민을 속인 사실을 폭로한 사건으로, 중대한 내부 고발로 평가받는다.

1998년 빌 클린턴 탄핵 사건에서는 대통령과 백악관 인턴 모니카 르윈스키와의 관계가 폭로되면서 내부 고발과 증언이 사건을 키웠다. 위증과 권한 남용, 사건 은폐 시도가 핵심이었다. 클린턴은 하원에서 탄핵 소추되었고 이 사건은 대통령의 권한이 개인적인 문제를 숨기는 도구가 될 수 있음을 보여주었다. 또한 내부 고발과 증언이 권력을 감시하는 데 얼마나 중요한 역할을 하는지 다시 한번 일깨웠다.

미국의 전통을 돌아보면 트럼프가 히틀러 같은 독재자가 될 수 없는 이유가 명확해진다. '건국의 아버지들'은 언론과 표현의 자유를 민주주의의 뿌리로 삼았다. 삼권 분립은 권력의 균형과 견제를 단단히 세웠다. 유럽 왕정 시대를 거쳐 탄생한 대통령제는 군주 같은 절대 권력의 출현을 원천 봉쇄하는 장치였다. 이 신념들이 존중되고 미국 사회에 뿌리내린 강한 시민 의식과 활발한 정치 참여가 계속되는 한 미국에 독재자가 나타날 가능성은 거의 없다.

트럼프 시대, 민주주의의 마지막 보루는 무엇일까?

트럼프의 첫 임기는 거침없는 권력 확장과 그에 맞서는 의회의 감시가 뒤엉킨 치열한 힘겨루기였다. 그는 헌법과 법이 그어 놓은 선을 넘나들며, 의회가 정한 경계를 무시한 채 무소불위의 권력을 휘둘렀다. 외국 원조를 끊고, 연방 보조금을 동결하며, 정부 예산을 삭감하는 일련의 조치들은 의회가 승인한 예산을 사실상 무시하는 행위였고 이는 권력 분립이라는 헌법의 근본 원칙에 대한 도전이었다. 법원은 제동을 걸었지만 트럼프는 법원의 판단을 거부하며 권한 남용을 정당화했다.

트럼프 1기 내내 의회는 전통적인 감시 무기인 조사와 소환장을 꺼내 들었다. 하지만 행정부는 '전면적인 협조 거부'로 맞섰다. 대통령 세금 기록 제출 요구를 단호히 거부했고, 백악관 법률 고문에게도 의회에 협조하지 말라고 지시했다. 금융 기록 소환장에 대해서는 법적 공방을 벌이며 권력 감시의 핵심 도구를 무력화했다. 의회는 사실상 대통령 권한을 견제하는 기본 장치를 잃었다.

의회는 두 차례나 탄핵이라는 카드를 꺼냈다. 첫 번째는 우크라이나 원조 중단과 정치적 이익을 위한 권력 남용, 두 번째는 2021년 1월 6일 국회 의사당 난입 사태와 관련된 반란 선동 혐의였다. 하지만 상원은 당파적 결속에 따라 두 번 모두 무죄를 선고했다. 이러한 현실은 법치보다는 당파가 우선하는 의회의 정치 지형을 적나라하게 드러냈다. 워터게이트 때와 달리 대통령 권력에 대한 진정한 견제는 무너졌다.

그렇다면 트럼프가 다시 탄핵당할 가능성은 있을까? 하원은 과반수로 탄핵 결정을 내릴 수 있지만 상원에서 3분의 2의 찬성이 필요하기에 문턱은 높다. 현재 정치 구도를 보면 공화당이 다수인 하원에서는 탄핵 추진조차 쉽지 않고, 상원에서도 다수의 공화당원이 사실상 탄핵을 봉쇄한다. 탄핵은 정치적 부담이 크고, 정당 간 이해관계와 대중의 여론에 크게 좌우된다. 트럼프가 다시 탄핵당하려면 선거 결과에 대한 부정 개입, 권력 남용, 사법 방해와 같은 중대한 헌법 위반이 명확한 증거와 함께 드러나야 한다. 결국 탄핵 추진은 법적 근거뿐 아니라 정치적 압력과 여론에 달려 있다.

'견제와 균형'이라는 미국 민주주의의 기둥이 흔들리는 상황에서 시민 운동은 민주주의를 지키는 최후의 보루다. 제도와 기관이 제 역할을 하지 못하거나 권력이 한쪽으로 쏠리면 법과 규칙만으로는 독재적 흐름을 막기 어렵다. 그럴 때 시민들이 직접 거리로 나서고, 투표로 목소리를 내며, SNS에서 끊임없이 소통하는 일이 권력자들에게 가장 강력한 경고가 된다. 특히 권위주의적 성향을 보이는 지도자가 있을 때 시민들의 깨어 있는 참여와 감시가 민주주의를 지탱하는 유일한 힘이다.

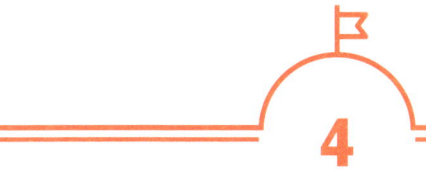

3차 세계 대전은
일어날까?

3차 세계 대전이란 말은 20세기 중반, 2차 세계 대전이 끝나자마자 등장한 그림자 같은 것이었다. 냉전이라는 이름 아래 미국과 소련은 이념과 군사력으로 서로를 짓누르며 핵 전쟁에 대한 공포를 일상으로 만들었다.

1950년 발발한 6·25 전쟁은 불안의 윤곽을 더욱 선명하게 그려냈다. 냉전은 직접 맞붙지 않은 채 대리전으로 번졌지만 언제든 전면전으로 터질 수 있었던 위태로운 긴장감이 형성되었다. 1962년 '쿠바 미사일 위기' 때는 전쟁에 대한 공포가 극에 달했다. 미국과 소련은 핵을 둘러싼 채 숨 막히는 줄다리기를 벌였고 전 세계가 숨을 죽였다.

냉전이 끝난 뒤에도 세계 곳곳에서 일어난 지역 분쟁과 강대국 간의 갈등은 3차 세계 대전의 가능성을 끊임없이 자극했다. 걸프 전쟁, 그 외 중동의 전쟁들, 그리고 오늘날의 미-중 갈등까지. 냉전 시대엔 핵 억제력과 다자 외교, 경제적 얽힘 덕분에 대규모 전면전으로 번지진 않았지만 지금은 상황이 훨씬 더 복잡하다. 중국이 신흥 강국으로 떠오르면서 전통적인 군사 경쟁은 물론이고, 사이버전과 정보전까지 꼬리를 물고 이어진다. 불확실성이 커졌다.

트럼프 행정부의 노골적 반중 정책은 미-중 신냉전의 골을 더 깊게 팼다. 양국 간 무력 충돌 우려가 커지고 있지만 중국이 먼저 전면전을 벌일 가능성은 낮다. 급성장한 경제·세계적 위상을 한순간에 무너뜨릴 리가 없다. 물론 오해와 오판으로 인한 국지적 충돌은 피할 수 없겠지만 전면전으로 번질 확률은 크지 않다. 과거에도 미-중 간에는 제한적 충돌이 있었다. 양쪽 모두 갈등의 확산을 막고 외교적 해법을 찾아왔다.

그래서 3차 세계 대전에 대한 가능성은 늘 회자되지만 지금의 미-중 관계는 복잡하고 위험한 만큼 신중한 소통과 대응이 관건이다. 무력 대신 외교와 협력으로 긴장을 다스리는 게 시대가 요구하는 가장 큰 과제다.

그럼에도 전쟁은 냉철한 계산 아래에서 억제될 때도 있지만 감정이 앞서면 걷잡을 수 없는 위기로 폭발한다. 두 강대국 국민 사이에 쌓인 깊은 불신과 증오는 전쟁의 그림자를 더욱 짙게 만든다. 미-중 관계에서 이 감정의 골은 이미 현실로 굳어졌다. 불안이 커지고 있다.

트럼프 등장 이후 미국 내 중국에 대한 부정적 정서는 더 거세졌다. 중국인들의 미국에 대한 인식도 악화되었고 양국 국민 사이의 적대감은 점점 커진다. 이러한 감정은 트럼프만의 산물이 아니다. 미국은 이미 이전부터 중국을 전략적 경쟁자로 보고 견제해왔다. 무역 불균형을 넘어서, 기술 경쟁과 군사력·지정학적 영향력까지 얽힌 복잡한 문제다. 코로나19 팬데믹은 미국 내 반중 정서를 더욱 확산시켰을 뿐, 19세기 후반부터 뿌리내린 반중 감정이 최근 몇 년 트럼프의 거친 정책과 맞물리며 극단으로 치달았다.

이러한 국민 감정 악화는 단순 외교 마찰에 머무르는 게 아니라 양국 관계를 구조적으로 위협한다. 불신과 적대가 커질수록 협력과 대화는 멀어지고 우발적 충돌이 전쟁으로 이어질 위험도 커진다. 미-중 신냉전은 단순한 힘 싸움이 아니다. 감정과 인식까지 풀어야 할 복잡한 퍼즐이다. 이 사실을 잊으면 앞으로 갈등은 더 격렬해질 것이다.

미-중 신냉전은
어디로 치달을 것인가?

미-중 신냉전의 등장은 21세기 국제 질서의 판도를 뒤흔드는 중대한 변곡점으로 자리매김했다. 과거 냉전이 미국과 소련 간의 이념·군사력 대결에 국한되었다면 오늘날 펼쳐지는 신냉전은 경제력과 첨단 기술, 지정학적 영향력을 무기로 삼아 두 강대국이 복합적이고 다층적인 경쟁을 벌이는 양상이다. 단순한 힘겨루기를 넘어 세계 질서의 근간을 재편하고, 미래 세대의 삶과 국제 사회의 방향을 근본적으로 재설계하는 중대한 분수령이라고 할 수 있다.

신냉전의 배경에는 중국의 눈부신 경제 성장과 군사력 강화가 자리하고 있다. 1978년 덩샤오핑의 개혁 개방 정책 이후 중국은 세계 경제 무대에서 급부상했고, 2001년 세계무역기구 가입을 통해 글로벌 공급망의 핵심으로 부상했다. 2010년대에 들어서는 미국에 이어 세계 2위의 경제 대국으로 우뚝 섰다.

처음 미국은 중국의 세계 경제 체제 편입을 환영하며, 자유시장 경제의 논리에 따라 중국이 서구식 가치와 질서를 자연스럽게 수용할 것이라 기대했다. 물론 미국 내에서는 중국에 대한 경계심도 점차 고조되었다.

조지 W. 부시 행정부는 '포용과 견제'라는 복합적 전략을 채택해 협력할 부분에서는 협력하되 중국의 도전적 행동에 대해서는 단호히 대응할 준비를 병행했다. 중국의 경제 성장과 군사력 강화가 가속화되자 오바마 행정부는 대중국 정책을 더욱 강화했다. 미국은 외교, 경제, 군사 전 분야에서 중국과의 경쟁 구도를 분명히 설정하며 부시 행정부 시절 시작된 '포용과 견제' 전략 이상의 보다 적극적이고 직접적인 경쟁을 펼쳤다. 그럼에도 미국 내에서는 중국이 세계 경제 체제에 편입되면서 서구식 가치와 질서가 점진적으로 정착될 것이라는 희망이 완전히 사라지지는 않았다.

그러나 2012년 11월, 중국 공산당 제18차 전국대표대회에서 시진핑이 당의 총서기로 선출되면서 기대는 크게 흔들렸다. 시진핑은 권력 집중과 당의 통제 강화에 속도를 내며 점차 개인적이고 권위주의적인 지도 체제를 구축했다. 2018년에는 국가주석 임기 제한을 철폐하는 헌법 개정을 통해 사실상 종신 집권이 가능해졌고 이를 계기로 중국 내에서 그에게 집중된 권력과 일당 독재 체제가 확고히 자리잡았다. 이에 미국의 기대는 실망으로 바뀌었고 미국 사회 전반에 걸쳐 중국에 대한 불신과 경계심이 한층 깊어졌다.

더욱이 중국이 남중국해에서 군사적 존재감을 키우고, 일대일로 一帶一路 전략*을 통해 아시아, 아프리카, 유럽에 걸쳐 영향력을 확대하자 미국은 70여 년간 유지해온 국제 질서에 대한 직접적 도전으로 받아들였다. 이에 오바마 행정부는 '아시아 재균형' 전략으로 인도·태평양 지역에서 군사적·외교적 입지를 강화했다. 미국은 5G, 반도체, 인공 지능 등 미래 핵심 산업에서 중국의 도전을 차단하려고 노력하며 인도, 일본, 호주와의 쿼드 협력QUAD, Quadrilateral Security Dialogue**으로 다자안보 체제를 구축해 중국을 압박했다.

- 2013년 시진핑이 추진한 글로벌 인프라 및 경제 협력 전략. 유라시아, 아프리카, 유럽을 연결해 육지·해상·디지털 실크로드를 확장하는 것이 목표다. 군사적 거점, 에너지, 물류망을 확보해 미국을 견제하며 중국 서부 지역을 개발하고 위안화의 국제화를 촉진하려고 했다.
- 중국의 일대일로 전략을 견제하기 위해 구성된 정상 회담. 미국과 핵심 동맹국인 일본, 호주 그리고 동맹국은 아니지만 일부 사안에 협력하는 국가인 인도까지 4개국이 포함되어 있다.

미-중 신냉전은 이제 가치관과 체제 경쟁으로까지 확장되고 있다. 과거의 냉전처럼 명확한 이념 구분은 없지만 미국은 중국을 자신들이 추구하는 민주주의와 인권, 법치주의에 대한 근본적인 도전 상대로 인식하고 있다. 반면 중국은 자국의 발전 모델과 주권 존중을 내세워 미국의 간섭을 강하게 경계한다. 이러한 이념적 간극은 상호 불신을 깊게 하며 갈등을 고착화하는 구조적 원인으로 작용한다.

트럼프 행정부의 등장과 함께 미-중 신냉전은 더욱 격화되었다. 미-중 신냉전은 전면전보다는 복잡한 외교전과 전략적 균형 맞추기가 중심이 될 것이다. 양측 모두 치명적인 군사 충돌을 피하면서도, 서로를 견제하고 영향력을 확대하려는 '힘겨루기'에 집중할 수밖에 없다.

이 과정에서 미국은 동맹국들과의 협력을 통해 전략적 우위를 유지하려 할 것이다. 일본, 한국, 호주 같은 아시아-태평양의 동맹국들은 미국과 밀접한 안보 협력을 이어가며, 특히 대만과 남중국해 문제에서 미국 편에 서서 군사적·정치적 지원을 제공할 가능성이 크다. 유럽의 북대서양조약기구 회원국들도 미국과의 전략적 연대를 강화하는 가운데 영국, 캐나다, 독일 등이 정치적·군사적 차원에서 지원에 나설 수 있다.

만약 신냉전이
무력 충돌로 이어진다면?

앞서도 말했지만 미-중 신냉전이 무력 충돌로 비화할 가능성은 크지 않다. 양국 모두 군사적 충돌이 초래할 막대한 피해와 경제적 혼란을 누구보다 잘 인지하고 있기에, 무턱대고 전면전으로 치달을 가능성은 적다. 대신 현재의 미-중 관계는 정보전, 경제 제재, 기술 패권 경쟁, 그리고 지역 패권을 둘러싼 저강도 충돌로 얼룩져 있다. 이러한 '저강도 충돌'은 양국이 직접적인 전쟁을 피하면서도 상대의 영향력을 약화시키기 위한 치열한 힘겨루기로 볼 수 있다.

무엇보다 중국은 19세기 초부터 200년 가까이 서구 열강의 침탈을 겪었고, 오랜 내전과 문화 대혁명 등으로 국민들의 삶이 깊은 고통 속에 놓여 있었다. 하지만 지난 20여 년간 중국은 과거의 혼란과 빈곤을 딛고 눈부신 경제 성장을 이루며 세계 강국으로 자리매김했다. 이러한 흐름 속에서 만약 중국이 미국과 전면전을 벌인다면 그간 쌓아 올린 것들이 한순간에 무너질 위험이 크다. 그러한 운명은 중국 스스로도 결코 원하지 않을 것이다.

그럼에도 전쟁이란 언제나 논리로만 예측되지 않기에 걱정을 모두 떨쳐내긴 어렵다. 대만과 남중국해라는 뜨거운 화약고가 순간의 오판으로 폭발할 가능성은 결코 완전히 배제할 수는 없다. 만약 이 화약고가 터지고 미-중 간 국지전이 발발한다면 어떤 상황이 펼쳐질까? 앞서 언급한 미국의 동맹국들이 예상대로 참전해 미국을 지원할까?

트럼프가 등장하기 전까지는 이 같은 전망에 의문을 제기하는 전문가가 거의 없었다. 하지만 상황이 달라졌다. 아시아-태평양 지역의 전략적 파트너 국가들이 각자의 이해관계에 따라 참전할 가능성은 여전히 높지만 북대서양조약기구와 기타 동맹국들이 같은 결정을 내릴지는 불확실하다. '미국 우선주의'가 트럼프식으로 심화되어 미국과 동맹국 간 연대가 지금보다 더욱 약화된다면 미국의 전쟁 수행 능력은 심각한 타격을 입을 가능성이 크다.

냉전 시기 미국의 동맹국들은 민주주의, 인권, 자유무역 등 미국이 내세운 핵심 가치를 믿으며 긴밀한 연대를 맺었다. 6·25 전쟁 당시 16개국이 한국에 군을 파병한 것은 단순히 냉전 초기 미국의 요청에 응한 현실적 판단일 뿐 아니라, 미국이 주도하는 자유민주주의에 대한 깊은 공감에서 비롯된 것이다. 영국, 프랑스, 호주, 캐나다 등 주요 동맹국들은 이념적 연대와 공산주의 확산 저지라는 공동 목표를 공유했다.

1990년대 초 1차 걸프 전쟁에서는 약 30개국이 미국 주도의 다국적 연합군에 참여했다. 이들은 이라크의 쿠웨이트 침공을 국제법과 주권 존중에 대한 명백한 위협으로 인식하며 공동으로 안보와 질서를 지키려 힘을 모았다.

그러나 트럼프 행정부의 노골적인 '미국 우선주의'는 이러한 가치 공유와 동맹 간의 연대를 흔들었다. 이제 동맹국들은 미국이 과거처럼 일관되게 민주주의와 자유를 수호할지 의구심을 품은 상황이고, 이는 미국이 국제 무대에서 주도권을 유지하는 데 상당한 장애물이 될 가능성이 크다. 동맹국들의 신뢰가 약화된 상황이 지속된다면 미국이 다시 세계 질서의 중심에 서는 길은 더욱 험난해질 것이다.

트럼프 시대의 미래와 우리의 자세

　트럼프의 등장은 미국의 정치 지형과 사회 구조에 이전과는 전혀 다른 변화를 몰고 왔다. 2016년 트럼프의 예상치 못한 승리는 전 세계에 충격을 안겼으며, 그의 등장 이후 미국 내외에서 벌어진 변화들은 기존의 분석 틀로는 도저히 설명할 수 없는 복잡하고 다층적인 양상을 드러냈다. 트럼프의 대통령 임기는 단순한 리더십 교체를 넘어 미국 민주주의에 대한 근본적인 성찰과 도전을 촉발하는 전환점으로 인식되고 있다.

　분열적인 언사와 정책은 인종, 이민, 성별 정체성 등 민감한 사회 문제를 더욱 부각시키며 공공 토론의 수준을 저하시키는 결과를 낳았다. 트럼프의 등장은 오랫동안 억눌려왔던 보수주의자들의 불만과 차별적 시각을 수면 위로 끌어올리는 폭발적인 계기가 되었다. 이 현상은 단순한 말다툼이나 의견 충돌에 그치지 않는다. 차별과 분열이 공론장에서 격화되면서 실제 정책과 제도 속에 깊숙이 스며들어 사회적 배제와 불평등을 심화시키는 위험으로 발전하는 중이다.

특히 공화당이 다수의 주 의회와 정부 부처를 장악한 현실은 이러한 권위주의적 경향을 더욱 강화하는 토대가 되고 있다. 이로 인해 민주적인 통제 장치가 약화되고 시민의 기본 권리가 위협받는 상황이 현실로 나타나고 있는 것이다. 단순한 정치적 변화가 아니라 사회의 근간을 흔드는 구조적 문제로 발전할 가능성이 크다는 점에서 이 문제의 심각성을 간과해서는 안 된다.

분열과 갈등으로 얼룩진
극단의 시대

트럼프 행정부는 강력한 권력 집중과 집행부 내 충성파 인사 배치로 연방 기관의 독립성을 크게 훼손했다. 관료제의 중립성과 법적 견제 장치가 흔들리면서 행정부는 정치적 목적에 따라 행정을 재편했다. 이러한 변화는 장기적으로 공공 신뢰를 약화시키고 정부의 분열을 심화시킬 가능성이 크다. 사법부의 우경화 또한 지속되면서 생식권, 종교의 자유, 성소수자의 권리 등에서 보수적인 판결이 늘어나 사회적 갈등을 더욱 부추기고 있다.

경제 정책에서는 강력한 보호주의를 내세우며 미국 제조업의 부활을 내세우는 중이다. 특히 중국산 제품에 대한 대규모 관세 부과와 산업 활성화 정책으로 소비자들의 부담은 눈덩이처럼 커지고 있다. 실제로 관세는 수입품 가격을 끌어올려 일상생활에 필요한 제품들의 가격 상승을 초래했고 그 결과 인플레이션 압력이 심화되어 서민 경제에 직격탄을 날렸다. 더불어 세금 정책은 고소득층과 대기업에 유리하게 짜여져 경제적 불평등을 심화시키고 있다. 결국 보호주의라는 명목 아래, 경제 전반에 걸친 부담은 고르게 분산되지 않고 특정 계층에 치우친 불균형을 낳았다.

트럼프 시대를 관통하는 또 하나의 뚜렷한 특징은 사회적 분열과 문화 갈등의 심화다. 여성의 권리와 성적 정체성에 대한 후퇴 우려가 커지면서 시민 사회와 사회 운동가들은 이에 강력히 맞서며 저항의 목소리를 높인다.

이 과정에서 소셜 미디어는 소통의 장을 넘어 극단주의적인 의견들이 증폭되는 무대가 되었고, 대중 담론은 점점 분열과 갈등으로 얼룩져간다. 이러한 극심한 분극화는 사회 전반의 결속력을 크게 약화시키며 서로 다른 의견을 가진 집단 간의 대화와 이해를 사실상 불가능하게 만들었다. 결국 트럼프 시대의 문화 전쟁은 단순한 정치적 논쟁을 넘어 사회 전체의 신뢰와 공존 기반을 흔드는 심각한 위기가 되었다.

트럼프 시대가 우리나라를 비롯한 전 세계에 던지는 가장 중대한 메시지는 이제 진실과 거짓의 경계가 무너졌다는 사실이다. 서로를 향한 분노와 증오는 트럼프의 등장을 계기로 극에 달했고 이로 인해 사회는 깊은 균열에 빠졌다. 감정이 논리를 압도하는 상황에서 진심 어린 말조차 악의적인 목소리에 묻히고 말았다. 이러한 극단의 시대에 우리는 무엇으로 이 분열을 조금이라도 완화할 수 있을지 진지한 고민이 절실하다.

대한민국은 이 위기를 어떻게 넘겨야 할까?

19세기 후반 미국이 아시아-태평양에 발을 들여놓았을 때 한반도는 중국, 일본, 필리핀에 비해 중요치 않았다. 그저 스쳐 지나가는 곳에 불과했다. 1905년 러일 전쟁이 한창일 때 미국은 일본과 몰래 손잡고 한반도를 일본의 영향권에 넘겼다. 그 선택은 곧 우리의 주권 상실로 이어졌다. 2차 세계 대전이 끝나고 세상이 다시 재편되는 순간에야 우리는 비로소 주권을 되찾았다.

냉전 초반 한국은 여전히 미국이 구축한 세계 질서 속에서 눈에 띄지 않는 존재였다. 그러다 1949년 10월, 중국이 공산화되고 미국에선 매카시즘 반공 열풍이 불어닥치던 시절, 곧이어 1950년에 6·25 전쟁이 터지자 미국은 주저 없이 개입했다. 국제연합군을 파견했고 전쟁은 길어졌지만 결국 휴전으로 마무리되었다. 그 후 한 미상호방위조약이 맺어지면서 두 나라는 불가분의 동맹으로 굳어졌다. 냉전과 6·25 전쟁을 거치면서야 한국은 비로소 미국에게 특별한 존재가 되었다.

2차 세계 대전 이후 세계 곳곳에서 내전이 끊임없이 터졌다. 미국은 수많은 전쟁에 뛰어들었지만 결과는 대체로 처참했다. 대표적인 곳이 베트남과 이란이다. 라틴 아메리카에서도 미국은 뜻한 바를 이루지 못했다.

그러나 한국은 달랐다. 고통과 절망 속에서도 일어서서 눈부신 경제 성장과 민주주의의 발전을 이룬 대한민국은 미국이 내세운 자유와 민주주의의 성공 사례로 꼽힌다. 정치적 혼란과 경제적 난관을 뚫고 한국은 세계 무대에서 영향력 있는 국가로 자리잡았다. 외부의 지원과 내부의 끈질긴 노력이 맞물려 이룬 극복과 도약의 기록이었다.

한국의 성공이 특별한 이유는 냉전과 6·25 전쟁이라는 폭풍 속에서도 자유와 민주주의를 지키며 '한강의 기적'을 이뤄냈기 때문이다. 이 기적은 단순한 경제 성장 이상이었다. 국민 정신의 성숙과 사회적 가치 확립이라는 차원에서 더욱 의미가 깊다. 결국 한국의 발전은 외부 지원에만 의존하지 않고, 내면화된 가치와 신뢰가 함께 만들어낸 결실이다.

오늘날 한국이 이 자리에 서기까지 미국의 영향력은 지대했다. 정치, 안보, 경제, 문화 등 다방면에서 미국은 한국의 기준이자 거울이다. 두 나라 사이에는 실리적 이해를 넘어 깊은 가치와 신뢰가 깔려 있다. 자유, 인권, 민주주의라는 미국의 핵심 가치가 한국 사회의 중심에 뿌리내리면서 이 가치들이 한-미 동맹을 단단히 받쳐주었다.

그런데 트럼프라는 인물이 등장하면서 오랜 시간 쌓아온 양국 간 가치와 신뢰에 금이 가기 시작했다. 한국에게 미국은 단순한 동맹국 이상의 '특별한 존재'였지만 이제 그 특별함은 낯설고 때로는 불편한 감정으로 다가오고 있다.

이러한 위기의 순간, 우리는 다시 미국에게 '특별한 존재'임을 되새겨야 한다. 우리의 안보와 번영을 위해 미국의 역할은 여전히 필수적이다. 한-미 양국이 공유하는 가치와 신뢰가 흔들릴 때일수록 우리는 그 특별함을 굳게 붙들고, 미국이 동맹 본연의 길로 돌아오도록 변함없는 지지와 협력을 보내야 한다. 그렇게 쌓이는 노력이 한-미 동맹을 더욱 견고히 다지고 양국의 안보와 번영을 한층 단단하게 만들어줄 것이다.

이것이야말로 변화무쌍하고 불확실성의 먹구름이 드리운 시대를 견뎌내는 지혜이자 신념이어야 한다. 순간은 짧아도 전통은 영원하다. 이례적인 시기에도 긴 역사의 무게를 새기며 굳건히 앞으로 나아가야 할 것이다.

위험한 미국사

1판 1쇄 발행 2025년 9월 26일
1판 2쇄 발행 2025년 10월 31일

지은이 김봉중

발행인 양원석 **편집장** 권오준 **책임편집** 김희현
디자인 신자용, 김미선 **영업마케팅** 조아라, 박소정, 김유진, 원하경

펴낸 곳 ㈜알에이치코리아
주소 서울시 금천구 가산디지털2로 53, 20층 (가산동, 한라시그마밸리)
편집문의 02-6443-8846   **도서문의** 02-6443-8800
홈페이지 http://rhk.co.kr
등록 2004년 1월 15일 제2-3726호

ISBN 978-89-255-7317-5 (03940)

※ 이 책은 ㈜알에이치코리아가 저작권자와의 계약에 따라 발행한 것이므로
   본사의 서면 허락 없이는 어떠한 형태나 수단으로도 이 책의 내용을 이용하지 못합니다.
※ 잘못된 책은 구입하신 서점에서 바꾸어 드립니다.
※ 책값은 뒤표지에 있습니다.